Mein großes Buch vom REITEN LERNEN

Ute Ochsenbauer

KOSMOS

Inhaltsverzeichnis

Hallo! 4

Umgang und Pflegen 6

Von der Weide 8

Aus der Box 10

Rundum sicher 12

Wie wilde Pferde leben 14

Bürste, Schwamm und Tuch 16

Haarpracht kurz oder lang 18

Hufe – hart und doch empfindlich 20

Seepferde und Staubbäder 22

Beim Friseur 24

Massage gefällig? 26

Wie geht´s? 28

Sunny hat Rückenschmerzen 30

Bodenarbeit 32

Halfter, Strick und Gerte 34

Pferde richtig führen 36

Tempo und Abstand 38

Führen zu zweit 40

Stangentraining 42

Wer ist der Chef? 44

Scheutraining mit Geräuschen 46

Scheutraining mit Plastik 48

Wilde Spiele, sanfte Regeln 50

Reiterspiele 52

Longieren mit Köpfchen! 54

Aufwärmen an der Longe 56

Deine Ausstrahlung zählt! 58

Einfach oder trickreich wenden 60

Freies Training 62

Das magische Dreieck 64

Reiten lernen

Reiten lernen 66

Ausrüstung: sinnvoll, stabil, chic 68

Satteln und Zäumen 70

So kommst du aufs Pferd 72

Richtig sitzen 74

Die Zügel 76

Hilfengebung 78

Sitzübungen 80

Balance und innere Mitte 82

Ohne Sattel reiten 84

Reiten, so frei es geht 86

So halten sich Wildpferde fit 88

Regeln in der Reitbahn 90

Abteilungsreiten 92

Lösen und versammeln 94

Bahnfiguren 96

Es geht richtig rund! 98

Stop and Go 100

Schritt für Schritt 102

Dressurprüfung für Springreiter 104

Enge Wendungen 106

Schrittweise seitwärts 108

Energiespartempo Trab 110

Vor und zurück 112

Hopp, hopp, hopp, Pferdchen lauf … 114

Der Reiter auf der Erde 116

Ingrid Klimke – Mannschaftsolympiasiegerin 118

Im Gelände: Freiheit und Abenteuer 120

Vorausschau und Rücksicht 122

Schritt im Gelände 124

Trab und Galopp 126

Hindernisse im Gelände 128

Cavaletti springen 130

Herausforderung Wasser! 132

Ruhe nach dem Ritt 134

Springreiten einmal anders 136

Tschüss!

Tschüss! 138

Hallo!

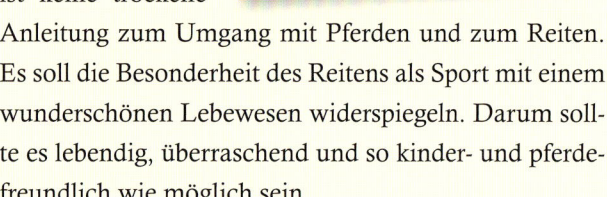

Dieses Pferdebuch ist keine trockene Anleitung zum Umgang mit Pferden und zum Reiten. Es soll die Besonderheit des Reitens als Sport mit einem wunderschönen Lebewesen widerspiegeln. Darum sollte es lebendig, überraschend und so kinder- und pferdefreundlich wie möglich sein.

Viel Spaß beim Lesen! Deine Ute

Marcel mit Nini

Marcel, Zwölf Jahre, reitet seit sechs Jahren und bekommt zwei Mal pro Woche Reitunterricht. Er reitet gern in abwechslungsreichem Gelände, auch auf Vielseitigkeitsstrecken, am Strand oder über abgeerntete Felder. Außerdem angelt er gern, fährt Fahrrad oder spielt Fußball. Nini ist sieben Jahre alt und lebt seit drei Jahren bei Marcel. Nini reagiert oft ängstlich und angespannt, passt aber gut auf Marcel auf, ist lieb, anhänglich und kerngesund.

Levke mit Sir Henry

Levke, zwölf Jahre, reitet seit fünf Jahren. Zurzeit hat sie zwei Mal pro Woche Unterricht. Sie mag es, wenn Sir Henry gut gelaunt ist, springt gerne und spielt außerdem Geige, angelt und fährt Waveboard. Levkes Familie hat Sir Henry als Fohlen bei einer Verlosung gewonnen. Er lebt seit elf Jahren bei ihnen auf dem großen Hof. Sir Henry kann sehr schlechte Laune haben und die Mitarbeit verweigern, aber eigentlich ist er nervenstark und für Abwechslung offen.

Clara mit Sunshine (Sunny)

Clara ist elf Jahre alt und reitet seit sieben Jahren. Sie hat ein Mal pro Woche Unterricht, liebt Ausritte, springt aber auch gern. Außerdem spielt sie Klarinette in einem Orchester und fährt Kajak. Sunny ist 21 Jahre alt und Claras Pflegepony. Sie lebt seit vielen Jahren mit anderen Ponys und Pferden auf einem Hof in Claras Nachbarschaft. Sunny ist sehr erfahren und gelassen, kann aber auch spritzig sein.

Madita mit Sir Henry

Madita ist 13, reitet seit acht Jahren und bekommt zwei Mal in der Woche Reitunterricht. Vor zwei Jahren ist sie von Sir Henry auf ihre junge Reitponystute Gina umgestiegen. Sie reitet am liebsten Dressur, spielt aber auch gern Klavier und fährt Waveboard. Madita ritt Sir Henry ausnahmsweise für die Fotos in der Reitbahn, als Levke keine Zeit hatte.

Finja und Katinka

Finja ist 13 und reitet seit sie vier ist. Sie hat ein Mal pro Woche Reitunterricht und reitet am liebsten im Gelände. Außerdem spielt sie Gitarre, Querflöte und Klavier. Katinka ist 13 und lebt seit sechs Jahren im Offenstall. Sie ist ein Araber-Mix, mag Wanderritte, fährt gern Hänger und äußert ihre Meinung sehr deutlich.

Malte und Aron

Malte ist 13 und reitet seit acht Jahren. Er bekommt zwei Mal in der Woche Reitunterricht, wird aber auch von seinem pferdeerfahrenen Vater unterrichtet. Beim Reiten mag er alles, was schnell oder witzig ist, zum Beispiel Springen, Mounted Games, Halsringreiten oder Pferdefußball. Außerdem angelt er gerne und macht Musik auf

seiner Anlage. Aron (10) lebt seit seiner Geburt bei Maltes Familie. Als typisches Welsh-A-Pony ist er anhänglich, temperamentvoll und gutmütig. Er ist spritzig beim Reiten und geht so zuverlässig vor der Kutsche.

Rosa mit Trajan

Rosa ist zwölf und „ritt" bereits vor ihrer Geburt, als sie noch im Bauch ihrer Mutter Ute war. Sie reitet gerne im Gelände oder ohne Sattel, mag aber auch Bodenarbeit. Sie spielt außerdem gerne Klavier und Orgel und Fußball in einer Mädchenmannschaft. Ihr Haflinger Shoshoni (5) war noch zu unerfahren für den dreitägigen

Fototermin. Daher durfte Rosa den schönen Trajan (21) reiten, der ein erfahrener, freundlicher und anspruchsvoller Lehrmeister für junge Reiter ist.

Ina

Ina ist sieben Jahre alt und durfte schon als Baby zusammen mit ihrer Mutter auf dem Araberwallach Farou gemütlich Schritt reiten. Seit einigen Wochen geht sie einmal in der Woche in die Reitschule. Ina schwimmt gern, tanzt Ballett und spielt mit ihren Omas stundenlang Märchen und Geschichten nach.

Charlotte

Charlotte ist 16 und hat das Buch als Erste gelesen. Sie gab ihrer Mutter Ute Tipps zum Aufbau, zur Sprache und schlug Themen

vor, die sie bisher in Pferdebüchern vermisst hatte. Außerdem hat sie beim Fototermin dafür gesorgt, dass wir alle wichtigen Motive „in den Kasten" bekamen. Wie ihre Schwester Rosa reitet sie „schon immer".

Greta und Kimberly

Greta ist acht Jahre alt und reitet „schon immer." Sie liebt es, zu springen, auch über alle Geländehindernisse. Greta malt gerne, auch Schwimmen und Skifahren machen ihr Spaß! Ihr Pony Kimberly ist eine ältere, erfahrene Ponydame unbekannter, aber edler Abstammung.

Die Wildpferde

Die Graufalben in diesem Buch sind Koniks, die aus Osteuropa stammen. Diese Ponyrasse ist sehr robust und hat ein Stockmaß

von 130 bis 140 Zentimetern. Die Konikgruppe von etwa 80 Pferden lebt im Naturschutzgebiet Geltinger Birk an der Ostsee, in der Nähe der dänischen Grenze.

Umgang und Pflegen

Gutes Reiten fühlt sich an wie ein gutes Gespräch. Bevor man richtig losreden oder losreiten kann, muss man aber erst einmal miteinander warm werden. Deswegen ist es wichtig, sich für das Begrüßen des Ponys, fürs Halftern, Führen und Putzen Zeit zu nehmen.

Gutes Führen ist eine Kunst. Mit etwas Übung folgt das Pferd seinem Menschen sogar frei, wie bei den Pferdeflüsterern.

Danach geht es ans Anbinden und Putzen. Nicht alle Pferde stehen dabei gleich ruhig. Aber alle Pferde können lernen, sich zu entspannen. Sie beginnen, das Putzritual zu genießen, wenn wir beim Putzen sanft und aufmerksam vorgehen und ihre Lieblingsstellen besonders berücksichtigen.
Ein entspanntes Pferd ist gern mit seinem Menschen zusammen, es kann gut lernen und wird sich auch gern reiten lassen.

◀ Greta bleibt einige Meter vor Kimberly stehen und gibt ihrem Pony Zeit, sich auf sie einzustellen. Aufmerksam sieht Kimberly ihr entgegen.

▼ Entspannt nimmt Kimberly noch ein Maul voll Gras, bevor Greta zum Aufhalftern kommt. Wäre sie nervös oder unwillig, würde sie sich vielleicht wegdrehen oder sogar weglaufen.

Von der Weide

Wenn ein Mensch auf ein Pferd zugeht, begegnen sich zwei ganz unterschiedliche Wesen. Das eine geht auf vier Beinen, das andere auf zwei. Das eine ernährt sich vegetarisch von frischem oder getrocknetem Gras und Kräutern, das andere vielleicht von Spaghetti Bolognese, Tomaten und Käsebrot.

Menschen gehören zu den Jägern, Pferde zu den Gejagten. Sie sind Fluchttiere. Menschen können lesen und Rad fahren, machen Musik oder bedienen Handys. Sie weinen, wenn ihnen etwas wehtut und lachen, wenn sie sich freuen. Pferde haben eine andere Form von hoch entwickelter Intelligenz. Und natürlich haben und zeigen auch sie Gefühle.

Sie können Wasser auf zwei Kilometer Entfernung riechen und Wetterumschwünge im Voraus fühlen. Sie verstehen das leichte Ohrendrehen eines Artgenossen als Aufforderung, stehen zu bleiben. Sie erkennen Angst, Schmerz und Freude am Geruch. Beide Arten, Mensch und Pferd, sind Säugetiere und brauchen Artgenossen, um sich wohl und sicher zu fühlen.

Wie geht's dir?

Jedesmal wenn du auf ein Pferd zugehst, bist du in einer anderen Stimmung. Vielleicht hast du gute oder schlechte Laune, du wirst gerade krank, fühlst dich ungerecht behandelt oder hast Stress mit Freunden. Im Idealfall bist du ausgeruht, satt und vergnügt und hast reichlich Zeit für das Pferd, mit dem du den Nachmittag verbringst.

Auch das Pferd fühlt sich jeden Tag anders. Ob es gute oder schlechte Laune hat, hängt auch bei deinem Pferd davon ab, wie sein Tag bisher war.

Hat es Freunde? Wird es gerecht behandelt? Erlebt es Abenteuer? Bekommt es abwechslungsreiches Futter und genug Freizeit, Platz und Bewegung? Tut ihm etwas weh? Freut es sich auf die nächsten Stunden und auf

▲ Freundlich schnuppert Kimberly an Gretas Hand. Heute steht das Pony allein auf dem Paddock. Dann ist es in Ordnung, ihm zur Begrüßung ein Leckerli zu geben. Ob Greta wohl eins dabei hat?

▼ Greta hat Kimberly aufgehalftert. Gelassen marschiert das erfahrene Pony neben ihr zum Ausgang der Wiese. Greta hält den Führstrick mit beiden Händen fest, ohne ihn um die Hände zu wickeln.

Halfter

Gerte

Streicheln erlaubt

Gelb: Hier mögen Pferde gerne angefasst werden.
Orange: Hier dürfen nur sehr vertraute Personen hinfassen.
Rot: Hier können sie Berührungen nicht gut leiden.

den nächsten Tag? Im Idealfall ist auch das Pferd satt, guter Dinge und begeistert, dich zu sehen.

▶ **Tipp:** Wie man Schmerzen beim Pferd erkennt, steht auf S. 28

Begrüßung

Dein Pferd spürt, ob du mit deinen Gedanken bei ihm bist, auch aus der Entfernung. Es mag es, wenn du ungefähr drei oder vier Meter vor ihm erst einmal anhältst und es aus dieser Entfernung begrüßt. So kann es sich in Ruhe auf dich einstellen.

Es nimmt kleinste Bewegungen wahr und weiß sofort, wie es dir geht. Auch du kannst lernen, über die Entfernung hinweg zu spüren, wie dein Pferd sich fühlt. Geht es dir entspannt oder neugierig entgegen? Oder dreht es sich von dir weg?

Rosa gibt Katinka zur Begrüßung ein Stück Karotte. So verbindet Katinka Rosa und den Beginn der Arbeit mit etwas Positivem.

„Erst du, dann ich." Interessiert schaut Aron auf Maltes Apfel. Er weiß schon, dass er gleich das Kerngehäuse bekommt.

Aus der Box

Auch Ponys, die in der Box stehen, brauchen vor dem Aufhalftern ein wenig Zeit, um uns kennenzulernen und zu begrüßen. Am besten bleibst du zunächst an der Boxentür stehen und lässt das Pony ein wenig an deiner Hand schnuppern. Erst dann betrittst du die Box und stellst dich seitlich neben das Pony, um es aufzuhalftern. Manche Ponys haben die Angewohnheit, sich beim Öffnen der Boxentür wegzudrehen. Eine Möhre oder ein Stück Apfel zur Begrüßung verbessert ihre Stimmung enorm!

Auf der Weide zwischen vielen Ponys solltest du dagegen auf keinen Fall zur Begrüßung füttern. Zu leicht könntest du dabei in ein Gerangel zwischen Herdenmitgliedern geraten, die alle scharf auf einen Leckerbissen sind.

Kopf runter!

Das Aufhalftern übst du am besten an einem ruhigen, erfahrenen Pferd oder Pony, das seinen Kopf schön tief hält. Wenn du das Prinzip verstanden hast, bist du auch für ängstliche, empfindliche oder unhöfliche Pferde bereit. Diese sind vielleicht etwas schwieriger aufzuhalftern. Junge Pferde möchten alles ins Maul nehmen, etwa Jackenärmel und natürlich auch das Halfter. Ängstliche Pferde neigen zu schnellen Bewegungen, auch mit dem

Kopf, und unhöfliche Pferde schubsen, zappeln oder drehen ihren Kopf weg.

▶ **Tipp:** Wie man junge oder aufdringliche Pferde auf Abstand hält, steht auf S. 38

Führseil

Das Führseil wird meist im unteren Halfterring eingehakt. Bei der Bodenarbeit oder wenn sich ein Pferd schwer führen lässt, kann das Führseil auch über den Nasenriemen des Halfters geführt werden, damit man mehr Kontrolle über den Pferdekopf hat. Zum Führen benutzt man ein Seil mit einem Karabinerhaken.

Leckerlis- ja oder nein?

Ich füttere Leckerlis wie schon mein Vater. Bevor ich aufsteige und nach dem Absteigen, aber auch wenn ich die Pferde im Stall morgens begrüße. So verbinden sie mit mir etwas Positives.
Vorsicht: Betteln ist nicht erlaubt!

Nimm dir ruhig ein wenig Zeit, um deinem Pony Hallo zu sagen. Hat es heute gute Laune? Lass es lieber an deiner Hand schnuppern, statt zur Begrüßung sein Gesicht zu streicheln.

▼ Mit beiden Händen zieht Clara das Halfter über Sunnys Kopf. Vorsichtshalber schließt Sunny die Augen, aber Clara hat gut aufgepasst. Das Halfter hat Sunnys Auge nicht berührt.

▶ Clara streicht Sunnys empfindliche Ohren von hinten unters Halfter und hält das Halfter so, dass es nicht ins Auge rutscht.

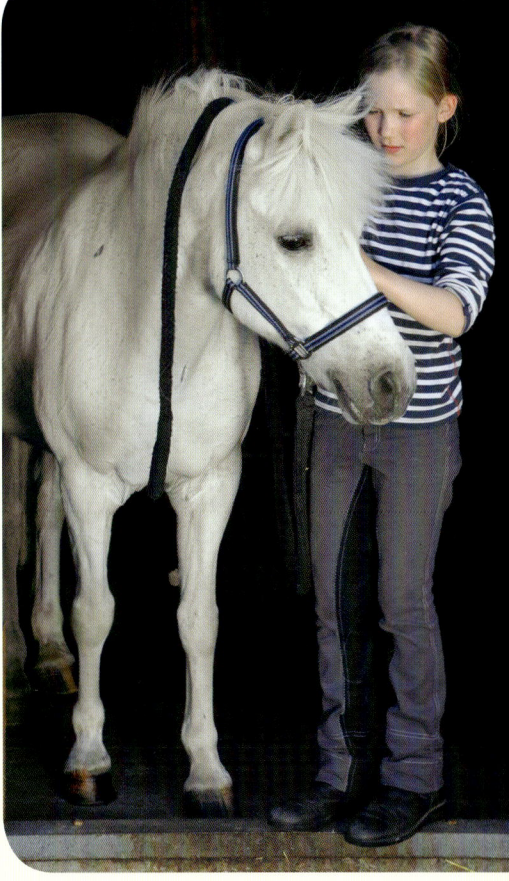

▲ Perfekt! Sunny sieht schon ziemlich unternehmungslustig aus. Clara schließt das Halfter noch und dann geht's ab zum Putzplatz. Der Führstrick liegt ja schon auf Sunnys Hals.

Panikhaken sind zum Führen ungeeignet: Sie sind zum Anbinden von Pferden gedacht und lösen sich bei plötzlichem Zug.

Führen

Zum korrekten Führen von Pferden gibt es unterschiedliche Ideen. Ich empfehle das Führen mit Halfter und Führstrick. Dabei bleibt man mindestens eine Armlänge seitlich und vor dem Auge des Pferdes. Zu zweit von beiden Seiten zu führen ist ebenfalls empfehlenswert. Die Gerte kann beim Führen als Verlängerung des Armes benutzt werden. Mit einem leichten Gertentick kann das Pferd abgebremst oder vorwärts getrieben werden. Wenn die „Unterhaltung" am Boden gut klappt, versteht man sich auch im Sattel besser.

▼ Clara hat den Strick durch das Heubändchen gezogen und einen Sicherheitsknoten geknüpft. Den könnte sie mit einem einzigen Handgriff lösen, wenn Sunny sich erschrecken würde.

Rundum sicher

Pferde sind Fluchttiere. Für ein Wildpferd ist es lebensnotwendig, bei Gefahr wegrennen zu können. Ein junges Pferd oder Pony muss daher erst einmal lernen, sich anbinden zu lassen. Es muss merken, dass es am Anbindeplatz sicher ist. Sicherheit bedeutet für ein Pferd Bewegungsfreiheit. Sicherheit bedeutet auch, dass es mit anderen Pferden zusammen ist.

Richtig anbinden

Ein sicherer Anbinder ist stabil und bietet die Möglichkeit, mehrere Ponys oder Pferde mit genügend Abstand nebeneinander anzubinden. Er sollte in einer ruhigen Ecke der Reitanlage liegen und den Ponys möglichst freie Sicht auf das Geschehen ermöglichen. Ponys fühlen sich wohler, wenn sie sehen können, was um sie herum passiert. Es macht sie unsicher, wenn sie Geräusche hinter sich hören, die sie vielleicht nicht zuordnen können. Zum Anbinden benutzt du am besten einen Strick mit Panikhaken. Diesen befestigt man mit einem Sicherheitsknoten an einem Heubändchen. Das sind ganze drei Vorsichtsmaßnahmen für den Fall, dass sich

Angst beim Anbinden

Mein früheres Pony ließ sich nicht gerne anbinden. Es bekam oft Angst beim Anbinden und hat heftig am Strick zurück gezogen. Wir haben ihm beigebracht, still zu stehen ohne angebunden zu sein. Das hat geholfen.

das angebundene Pony oder Pferd doch erschreckt und wegrennen will. Denn auch wenn ein Pferd gelernt hat, dass es am Anbinder sicher ist – seine Fluchtreaktion ist ein Instinkt, der in einer Schrecksituation immer aktiviert wird.

Schnapper, Zappler und Scharrer

Manche Ponys scharren am Anbinder mit den Hufen, nehmen den Führstrick ins Maul oder zappeln herum. Andere schnappen, treten aus oder werfen sich bei beinah jedem Anbinden nach hinten in den Strick. All diese Unarten sind ein Zeichen dafür, wie unbehaglich sich das Pony fühlt, wenn seine Bewegungsfreiheit eingeschränkt ist. Es sind Stresszeichen. Unruhige Ponys lassen sich meist durch ein rhythmisches Abstreichen mit der Gerte entspannen. Das Ab-

◀ Unruhige Pferde lassen sich durch das Abstreichen mit der Gerte meist gut beruhigen. Clara streicht Sunny von vorne nach hinten und von oben nach unten ab. Sunny vertraut ihr.

▶ Sanft und mit hauchzartem Zug dehnt Clara Sunnys Wirbelsäule, indem sie ganz leicht am Schopf zieht und den Zug sehr, sehr langsam löst. Sunny mag das, wie man an ihren Augen sieht.

▲ Ute zeigt Clara den Muschel-TTouch, den man gut vom Schweifansatz abwärts machen kann. Die Hand liegt auf dem Fell wie eine Muschel und bewegt das Fell in einem überlappenden Kreis.

streichen hat den Vorteil, dass du einen Sicherheitsabstand einhalten kannst, während du vom Pferdehals bis hinunter zu den Vorderhufen immer wieder mit der Gerte entlangstreichst. Viele Pferde mögen es auch, am Bauch und am Rücken abgestrichen zu werden.
Wenn das Pony sichtbar ruhiger steht, helfen angenehme Berührungen, Massagen, Tellington-TTouches oder

das Putzen von „Lieblingsstellen", seinen Stress zu verringern oder gar nicht erst aufkommen zu lassen.

▶ **Tipp:** Mehr über Tellington-TTouches und Massagen auf S. 26.

Der Pferdeknoten

▼ Ziehe den Anbindestrick durch den Ring und lege das lange Ende in einer Schlaufe auf das kurze Ende (1). Ziehe eine zweite Schlaufe durch den oberen Schlaufenteil (2) und schiebe den so entstandenen Knoten zusammen (3). Mit einem Ruck am herabhängenden Ende kannst du den Strick sofort lösen (4).

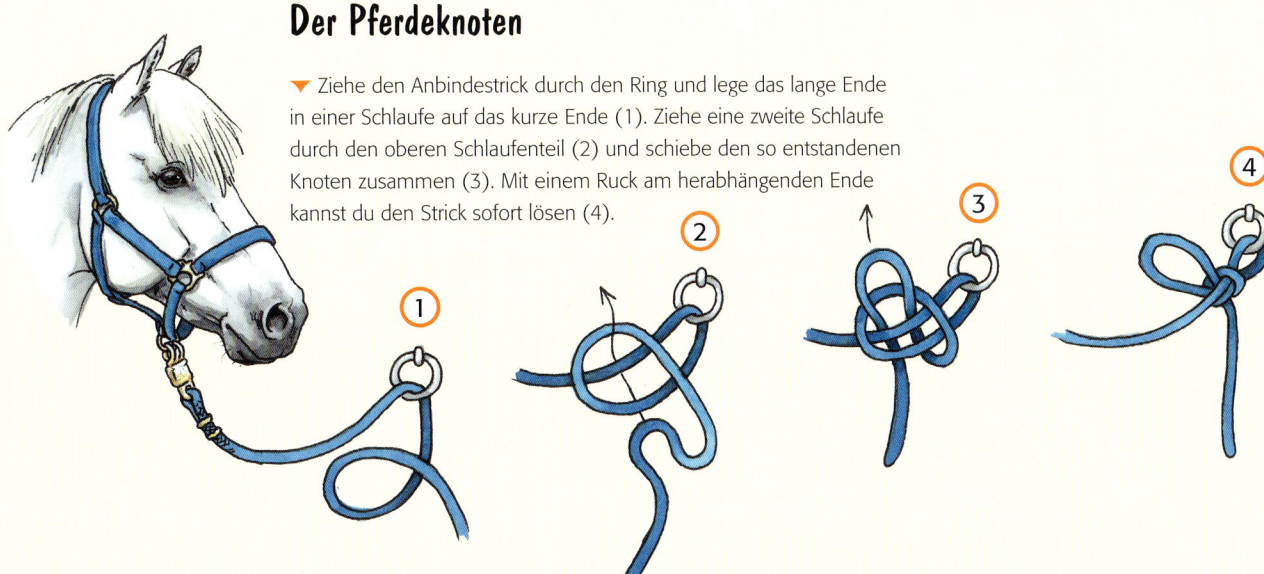

Wie wilde Pferde leben

Zusammen ist man weniger allein

Wenn wir Pferde verstehen wollen, müssen wir uns nur anschauen, wie ihre frei lebenden Artgenossen ihren Alltag verbringen. Dazu muss man nicht ganz bis nach Amerika fliegen.

Auch in Deutschland und anderen europäischen Ländern werden ursprüngliche Ponyrassen wild oder halbwild gehalten, um große Naturschutzgebiete zu pflegen. Es lohnt sich, sie zu beobachten!

Schutz in der Gemeinschaft

Frei lebende Ponys und Pferde ziehen in Herden übers Land. Sie leben normalerweise nicht dauerhaft allein. Die Herde bietet ihnen Schutz bei der Fohlenaufzucht, beim Heranwachsen, während der Trächtigkeit, bei der Futtersuche, an der Wasserstelle, bei Unwettern und bei Angriffen. Auch wenn Pferdeherden in Deutschland in der Regel nicht von Wölfen oder Bären belästigt werden, so können frei laufende Hunde oder Menschen, die nach Tierarzt riechen, sie durchaus zur Flucht veranlassen.

Flüchten und kämpfen

Flucht ist die natürliche Antwort eines Pferdes, das sich bedroht fühlt. Zum Angriff geht ein Pferd nur dann über, wenn es nicht fliehen kann. Kämpfe zwischen Leithengsten kommen gelegentlich auch vor.

Das Leben in einer frei lebenden Pferdeherde ist jedoch wesentlich friedlicher, als auf den beengten Wiesen oder Paddocks unserer Hauspferde, die miteinander kämpfen, weil sie zu wenig Platz zum Ausweichen haben.

Laufen, um zu grasen

Frei lebende Pferde bewegen sich in langsamem Tempo gemächlich fressend über große Grasflächen. Über den Tag verteilt legen sie durchschnittlich Strecken von 30 bis 40 Kilometern zurück. Sie bewegen sich den ganzen Tag über, grasen bis zu 18 Stunden lang und dösen nur kurz im Stehen oder im Liegen.

Jungpferde haben darüber hinaus mehrere Stunden täglich Pferdesportunterricht. Sie rennen, steigen, gehen in die Knie und trainieren auf diese Weise ihre Geschicklichkeit, ihre Muskulatur … und freuen sich des Lebens.

Mustangs & Co.

Wilde oder halbwilde Ponyrassen leben in:
- Nordamerika – Mustangs
- Australien – Brumbys
- Großbritannien – Exmoorponys und New Forest Ponys
- Frankreich – Camargues
- Deutschland – Dülmener und Koniks in Naturschutzprojekten

Die Koniks verbringen jeden Tag viel Zeit damit, sich gegenseitig zu putzen, gerne an Stellen, an die sie selbst nicht so gut herankommen wie Mähnenkamm, Hals- und Brustbereich oder die Schweifrübe.

Bürste, Schwamm und Tuch

Ponys kommen über Körperkontakt miteinander ins „Gespräch". Das tägliche Putzritual vor und nach dem Reiten ist eine weitere Möglichkeit, sein Pony zu begrüßen. Man kann hierfür insgesamt locker 20 Minuten einplanen! Und die sollte man dann auch zusammen genießen.

In den Reitsportläden finden sich eine Vielzahl von Bürsten, Striegeln, Hufkratzern, Schwämmen und Kämmen. Die wenigen, die man wirklich braucht und benutzt, sollten gut in der Hand liegen und sich beim Putzen angenehm anfühlen.

Grober Schmutz

Geputzt wird von vorne nach hinten und von oben nach unten. Am besten beginnt man auf der linken Körperseite des Ponys oder Pferdes. Zuerst wird das Pferd gestriegelt. Mit dem Striegel kann man groben Schmutz entfernen. Da er relativ kräftig durchrubbelt, benutzt man ihn nur an Körperstellen, die gut durch Muskeln gepolstert sind.

Auch die grobere Wurzelbürste mit ihren harten Borsten eignet sich gut, um verklebtes oder verkrustetes Fell zu säubern.

Sanft geht's weiter

Nach dem Striegeln bürstet man sein Pony oder Pferd mit einer weichen Bürste, der Kardätsche. Diese Bürste ist auch für nicht so gut gepolsterte Körperbereiche ge-

Mein Freund, der Baum

Fellpflege allein oder besser doch zu zweit? Das verzückte Putzgesicht des Jährlings zeigt, dass der besondere Schubberbaum der Konikherde auch sehr gute Dienste leistet. Hier hat er seinen Freund, den Putzbaum, ganz für sich allein. Manchmal steht auch die halbe Herde um den Baum herum und schubbert sich!

▶ Mit Striegel, Wurzelbürste und Kardätsche säubert Clara ihr Pony sorgfältig. Ab und zu klopft sie den Striegel am Boden ab. Sunnys tiefe Kopfhaltung auf den unteren Bildern zeigt, dass sie sich wohl fühlt.

Putzzeug

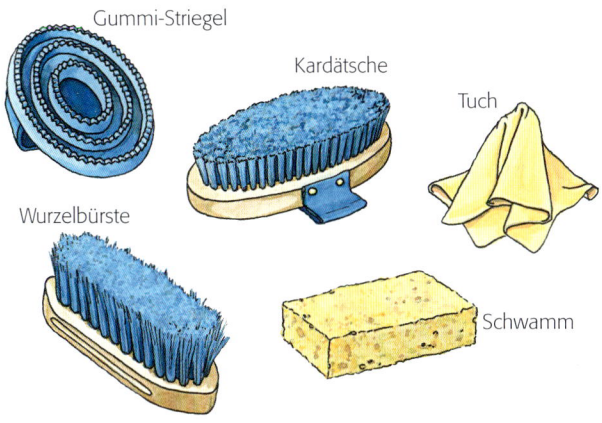

Gummi-Striegel

Kardätsche

Tuch

Wurzelbürste

Schwamm

eignet, zum Beispiel für die Beine, den Widerrist oder die Hüfthöcker und für den Kopf. Rund um Augen und Nüstern säubert man das Gesicht zusätzlich vorsichtig mit einem Schwamm.

Wenn die Beine mit der weichen Bürste nicht zu säubern sind, weil das Pony zum Beispiel durch tiefen Matsch gelaufen ist, wäscht man sie am besten mit handwarmem Wasser ab. Dazu kann man eine Waschbürste oder einen Schwamm benutzen.

Jeder so, wie er es mag!

Manche Pferde sind beim Putzen insgesamt sehr empfindlich. Sie stehen am ruhigsten, wenn sie nur mit weichen Bürsten, Tüchern oder einem Lammfellhandschuh gesäubert werden.

Andere Pferde oder Ponys wehren sich, wenn bestimmte Körperteile gesäubert werden sollen, z. B. die Innenseiten der Beine, der Bauch hinter dem Ellbogen, das Genick oder der Brustbereich. Oft sind sie dort verspannt und kitzlig, haben vielleicht Muskelkater oder Schmerzen. Nach ruhigem Abstreichen mit der Gerte oder geduldiger Massage legt sich ihre Abwehr meist.

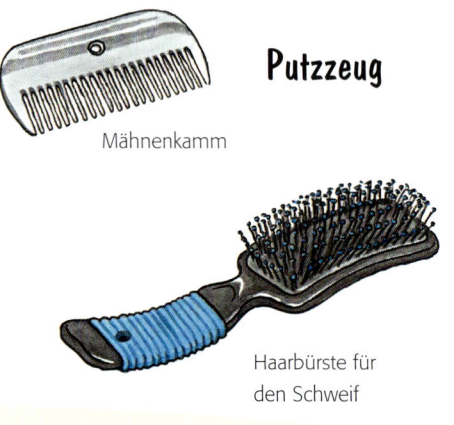

◀ Clara streicht die Mähnenhaare Strähne für Strähne nach oben aus. Sie entwirrt die Mähne dabei, entspannt aber auch die Muskulatur in Sunnys Mähnenregion.

Putzzeug

Mähnenkamm

Haarbürste für den Schweif

Haarpracht kurz oder lang

Mähne und Schweif des Ponys zu entwirren, entspannt. Die meisten Ponys genießen es, in Ruhe „frisiert" zu werden. Nur über das Zischen der Mähnensprays, die die Arbeit so wunderbar erleichtern, regen sie sich manchmal auf.

Haflinger, Isländer, Shettys und andere Ponyrassen wirken ohne langes Mähnenhaar seltsam verstümmelt. Reitponymähnen dagegen werden oft „verzogen", also gekürzt. So lassen sie sich leichter einflechten.

Ob kurz oder lang, die mit den Fingern entwirrte Mähne wird anschließend mit dem Mähnenkamm geglättet. Kurze, verzogene Mähnen können auch mit der Mähnenbürste durchgebürstet werden.

Ein schöner Schweif

Um den Schweif zu ordnen, stellst du dich seitlich neben die Hinterhand des Ponys. Du greifst dir das Schweifende, nimmst es zur Seite, zupfst die Schweifhaare auseinander und entfernst Heu, Stroh oder kleine Zweige. In der Reitersprache nennt man das „den Schweif verle-

▼ Nachdem Clara Sunnys Mähne mit den Fingern entwirrt hat, kämmt sie sie mit dem Mähnenkamm durch. Aufmerksam hat Sunny ihr linkes Ohr auf Claras Hände gerichtet.

sen". Wenn man ein Pony wirklich gut kennt, kann man sich zum Schweifverlesen auch hinter das Pony stellen. Schweifhaare wachsen sehr langsam. Daher sollte man den Schweif nicht durchbürsten. Er wird nur mit der

▲ Mit dem Schwamm säubert Clara Sunnys Augen und ihre Nüstern. Um Beine, Hufe und Pferdepo zu säubern, brauchst du zwei weitere Schwämme, am besten in verschiedenen Farben.

▲ Wenn alles fertig geputzt, gekämmt, gebürstet und mit dem Schwamm gesäubert ist, wird das saubere Pony noch einmal mit einem sauberen Tuch oder einem Lammfell „poliert".

◀ Clara verliest Sunnys Schweif mit der Hand. Gebürstet wird hier nur selten. Schweifhaare sind kostbar! Manche Pferde tragen sogar ein Schweiftoupet.

Mosquero, ein Kopf-schmuck aus Pferdehaar

Kostbarer Schnurrbart

Die Tasthaare am Maul des Pferdes sind ein wichtiges Sinnes-organ. Es ist tierschutzwidrig und verboten, sie abzuschneiden oder zu clippen.

Hand verlesen und gelegentlich gewaschen. Früher wurde das „Dach" aus Haaren an der Schweif-rübe sorgfältig rasiert. Heute sieht man das zum Glück nur noch selten. Die seitlichen Schweifrübenhaare dienen dazu, den Regen abzuhalten. Genau wie die Haare in den Ohren der Pferde sollten sie nicht entfernt werden.

Zu guter Letzt

Nachdem Mähne und Schweif entwirrt und gesäubert sind, fährt man am Ende noch einmal mit einem Woll-tuch oder einem Schaffellhandschuh über das gesamte Pferdefell bis hinunter zu den Hufen. Und nicht verges-sen: Bürsten, Tücher, Schwämme und Kämme müssen sorgfältig gesäubert, weggeräumt und verwahrt werden.

◄ Gut zu sehen ist der kleine harte Huf dieses Fohlens, das sein Leben lang ohne Hufbearbeitung auskommen und durch die natürliche Lebensform und dauernde Bewegung dennoch ideale Hufe haben wird.

Hufeisen

Hufe – hart und doch empfindlich

Hufe geben

Junge oder wilde Pferde geben ihre Hufe ungern – schließlich brauchen sie sie zum Wegrennen. Erst allmählich lernen sie, die Hufe auf ein Signal des Menschen hin zu geben.

„Ohne Huf kein Pferd" lautet ein Sprichwort in Reiterkreisen. Die Hufe des Pferdes zu kontrollieren, zu säubern und zu pflegen ist ein wichtiger Programmpunkt im Reiteralltag – egal, ob das Pferd Hufeisen oder Hufschuhe trägt oder ob es barfuß läuft.

Hufe kontrollieren

Vor jedem Ritt werden die Hufe ausgekratzt. Erfahrene Ponys heben ihre Hufe dabei schon höflich und in der richtigen Reihenfolge an, erst die Vorderhufe und dann die Hinterhufe. Sie sind die geeigneten Kandidaten, um das richtige Aufheben und Absetzen des Hufes in Ruhe zu üben.

Sie ziehen ihre Hufe auch nicht gleich wieder weg. So hat man genug Zeit, nicht nur die Sohle und die Strahlfurchen, sondern auch die weiße Linie auszuräumen und von kleinen Steinchen zu befreien.
Nach dem Ritt werden die Hufe wieder mit dem Hufkrat-

zer gesäubert. Poröse, rissige und ausgebrochene Hufe werden mit einer Huflotion oder mit Huföl behandelt.

Schmiede – so wichtig wie der Zahnarzt!

Alle sechs bis zehn Wochen müssen die Hufe von einem Schmied ausgeschnitten werden. Ponys und Pferde mit empfindlichen Hufsohlen oder anderen Hufproblemen werden im gleichen Abstand neu beschlagen.
Vor Wanderritten oder bei häufigen Ausritten auf sandigen, steinigen oder asphaltierten Wegen empfehlen die

Huföl selbst gemacht

Aus einer Tasse Olivenöl, einem Teelöffel Lorbeeröl und einem Teelöffel dünnflüssigem Honig kann man sich ein prima Huföl zusammenrühren und es nach dem Anfeuchten der Hufe aufbringen. Einige Tropfen Lavendel- oder Teebaumöl in der Mischung wirken zusätzlich desinfizierend. Huföl oder -fett immer auf den nassen Huf reiben, das Hufhorn trocknet sonst aus! Glänzende Hufe bekommt dein Pony, indem du sie mit einer halbierten Zwiebel abreibst.

Querschnitt eines Hufes

1 Fesselbein
2 Kronbein
3 Strecksehne
4 Hufbein
5 Strahlbein
6 tiefe Beugesehne
7 Hornkapsel
8 Hufeisen
9 Hufnägel

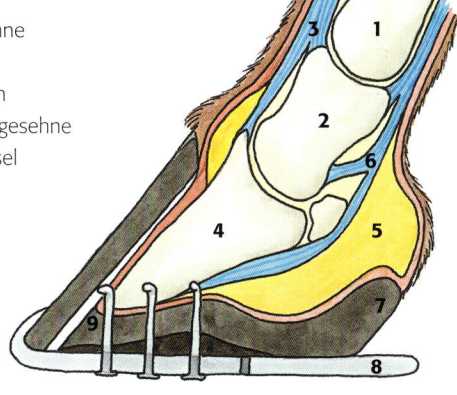

Hufschuhe

Die Hufnägel werden in den Bereich der „weißen Linie" genagelt und laufen schräg wieder aus der Hufwand heraus, was dem Pferd normalerweise nicht weh tut.

▼ Clara pinselt Sunnys feuchte Hufe mit Huffett ein. Auch Huföl oder -lotion pflegen das Hufhorn. Achte darauf, wie das Fett riecht. Ranziges Fett riecht muffig. Es schadet den Hufen.

Hufkratzer

meisten Schmiede ebenfalls Hufeisen. Die Eisen verhindern, dass das Hufhorn zu schnell abnutzt.

Manche Reiter und Schmiede schwören dagegen auf Hufschuhe. Eisen sind starr. Sie verhindern, dass sich der elastische Huf während des Laufens bewegen kann.

Im Gegensatz zu den Hufeisen, die auch dann am Huf bleiben, wenn das Pferd nicht geritten wird, werden Hufschuhe nur während des Rittes getragen. Sie müssen genauso sorgfältig angepasst werden wie Eisen, sind aber teurer und halten länger.

▼ Clara steht seitlich neben Sunnys Hinterteil und fährt mit der Hand von oben nach unten am Bein entlang. Sunny horcht nach hinten, hebt aber zuerst den falschen Huf an.

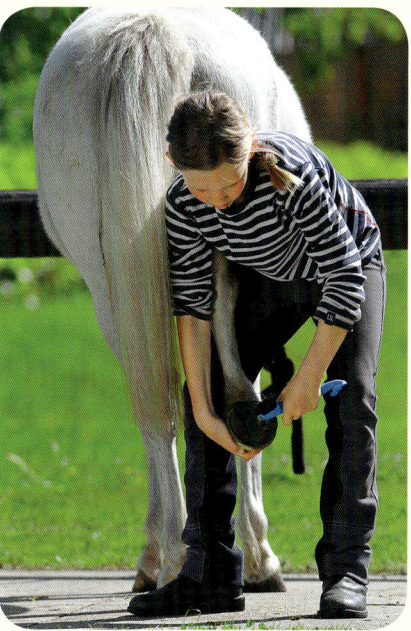

▲ So hält Clara Sunnys Hinterhuf sicher fest und steht selbst schön stabil. Das fühlt sich auch für Sunny gut an und sie zappelt nicht.

▼ Mit dem Hufkratzer und der Bürste werden die Sohle und die Strahlfurchen gesäubert.

◀ Begeistert planscht die zweijährige Stute mit den Hufen im Wasser. Wilde Pferde sind nicht wasserscheu. Schon als Fohlen spazieren sie hinter ihren Müttern in die Wasserstelle.

▼ Pferde in Freiheit können wählen, ob sie im Wasser oder im Staub baden möchten. Oft baden sie zuerst und panieren sich hinterher noch beim Wälzen. Das hält Insekten fern.

Seepferde und Staubbäder

Manche Pferde lassen sich in einen Bach oder eine andere Wasserstelle plumpsen, wenn sie die Möglichkeit dazu haben. Die meisten Pferde bevorzugen es jedoch, sich im Sand- oder Staubbad zu reinigen.

Menschen haben andere Vorstellungen von einem sauberen Fell als Pferde!

Mähnenspray selbst gemacht

In eine leere Flasche Mähnenspray (1000 ml) füllt man 750 ml Wasser, 50 ml Klettenwurzelöl aus dem Drogeriemarkt, 50 ml Franzbranntwein und 50 ml Obstessig. Diese Sommerversion des Mähnensprays wirkt auch gegen Insekten. Die Winterversion besteht aus 750 ml Wasser und 50 ml Babyöl. Wer mag, kann 50 ml Obstessig zufügen. Beide Sprays vor dem Auftragen gut schütteln, damit Öl und Wasser sich mischen.

Trotzdem ist es unnötig, Pferde abzuseifen und zu duschen. Die Seife zerstört die natürliche Schutzschicht der Haut und macht das Pferd anfällig für Hautkrankheiten.

Kühlung inbegriffen

Ein verschwitztes Pferd kann im Sommer nach dem Reiten problemlos mit klarem Wasser erfrischt werden – wenn es das mag. Soll das Pferd hinterher wieder auf die Weide, kannst du dem Wasser einen Esslöffel Obstessig und einige Tropfen Nelken-, Teebaum-, Pfefferminz- oder Geranienöl zusetzen. Diese Mischung pflegt die Haut und hält Insekten fern.

Auch das Abspritzen der Beine ist eine Möglichkeit, Pferde im Sommer nach getaner Arbeit abzukühlen oder verschmutzte Beine zu reinigen.

Am wundervollsten ist ein Bad im Teich oder Fluss! Mehr dazu auf S. 132.

▲ Wer keinen Schlauch zur Hand hat, kann den Schweif auch in einem Wassereimer waschen.

Putzzeug

Schweißmesser

Schwamm

Nach dem Abspritzen mit dem Schlauch oder dem Abschwammen, wie man das Waschen mit dem Schwamm nennt, zieht man das Wasser mit dem Schweißmesser aus dem Fell. Die Beine lässt man einfach so trocknen.

▲ Manche Pferde, so wie auch Katinka, sind anfangs nicht besonders begeistert vom Abspritzen, weil sie sich vor dem Wasserschlauch fürchten.

Extrapflege für den Schweif

Ist der Schweif verschmutzt, kann er mit einem milden Babyshampoo gewaschen werden. Hat man keinen Wasserschlauch zur Hand, wird der Schweif zunächst in einen Eimer Wasser eingetaucht. Dann wird das Shampoo einmassiert und in mehreren Eimertauchgängen mit jeweils frischem Wasser wieder ausgewaschen.

Am Ende wird Mähnenspray in den Schweif gesprüht, dann über Nacht ein dicker Zopf geflochten. Am nächsten Tag wird der Schweifzopf gelöst und verlesen. Dann sieht er üppig aus und glänzt herrlich. Bis zum nächsten Schlammbad.

Herz auf der Kruppe

Glanzmuster auf dem Fell kann man leicht selbst machen. Man kauft oder bastelt sich eine Schablone mit dem gewünschten Muster. Mein Olympiapferd Braxxi hatte schon Schachbrettmuster, Herzen oder den Bundesadler auf der Kruppe. Die Schablone legt man aufs Fell und bürstet mit einer mit Glanzspray befeuchteten Kardätsche gegen den Haarstrich. Dann sprüht man Haarspray darauf, damit das Muster hält. Fertig!

◀ Der Konikhengst trägt eine natürlich gewachsene, zweifarbige Frisur mit Fransen und Strähnchen, die nicht nur perfekt schützt, sondern einfach super aussieht.

▲ Eine Flechtfrisur für lange Mähnen. Sie sieht hübsch aus und lässt sich wunderbar variieren. Man kann Blüten oder Krepppapier mit einflechten oder, wie rechts im Bild zu sehen, die Zöpfe zu einem Gittermuster verbinden.

Beim Friseur

Vor einem Turnier, einem Wettkampf oder auch nur einmal so nach dem gründlichen Kämmen, Verlesen oder Waschen werden Mähne und Schweif eingeflochten. Inzwischen sieht man auf Turnieren die unterschiedlichsten Flechtfrisuren, auch solche, die sich für langmähnige Ponys eignen.

Gleichmäßige kleine Zöpfchen bekommt man nämlich nur hin, wenn die Mähne vorher verzogen und ausgedünnt wurde.
Eine Maßnahme, die ein Reitponyreiter völlig normal findet. Ein Shetty- oder Haflingerfan würde sie seinem Pony andererseits auf keinen Fall zumuten! Die Welt ist eben bunt.

Für lange Mähnen eignen sich zum Beispiel spanische Zöpfe, die am Mähnenkamm entlang geflochten werden, oder einzelne lange Zöpfe, vielleicht mit einer Blume verziert oder zu einem Gittermuster miteinander verbunden. Bevor du mit dem Flechten beginnst, ist es eine gute Idee, dein Pony zu entspannen. Wenn sich das

Pony wohlfühlt, steht es auch geduldiger, und ein bisschen Geduld brauchen alle Beteiligten in jedem Fall.

Entspannung

Zur Entspannung der Mähnenregion gibt es verschiedene angenehme Massagegriffe aus dem Tellington-Training. Sie werden Tellington-TTouches oder TTouches (gesprochen „TiTatsches") genannt. Das Wort „Touch"

Einkaufszettel für Flechtfrisuren

- Mähnengummis in schwarz, weiß, gold oder natur
- breites Geschenkband in rot
- Zopfgummis
- Zutaten für Mähnenspray

▲ Diese klassische Zopffrisur für verzogene Mähnen wirkt mit den goldenen Zopfgummis sehr elegant.

▼ In die Mähne des Knabstruppers wurden Stoffstreifen oder dünne Schals aus tuffiger Seide eingeflochten.

◀ Ein schönes Zopfmuster für eine lange Mähne.

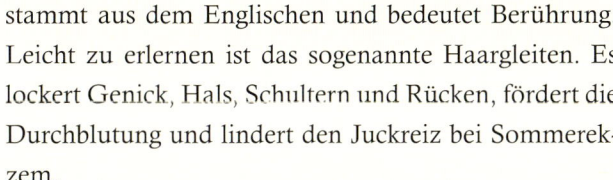

▲ Ein Andalusier mit spanischem Zopf und Mosquero als Haarschmuck.

▼ Greta teilt Kimberlys Mähne in gleich große Partien und flechtet zunächst einfache Zöpfe. Im zweiten Schritt biegt sie die Zöpfe zu einer hübschen kleinen Schlaufe.

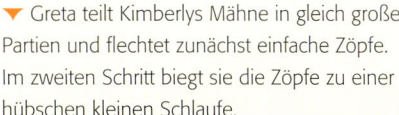

stammt aus dem Englischen und bedeutet Berührung. Leicht zu erlernen ist das sogenannte Haargleiten. Es lockert Genick, Hals, Schultern und Rücken, fördert die Durchblutung und lindert den Juckreiz bei Sommerekzem.

Man trennt ein etwa fingerdickes Büschel Mähnenhaar ab und streicht es nach oben aus (siehe S. 18). Büschel für Büschel arbeitet man sich so die ganze Mähne entlang.
Der Zug nach oben eignet sich gut für Ponys, die sich nicht gerne die Mähne verziehen lassen oder beim Reiten zu einer hohen Kopfhaltung neigen. Man kann das Mähnenhaar auch mit leichtem Zug nach unten ausstreichen. Am Schopf kann man nach oben oder nach unten entlanggleiten, je nachdem, was sich besser anfühlt. Probiere es aus.

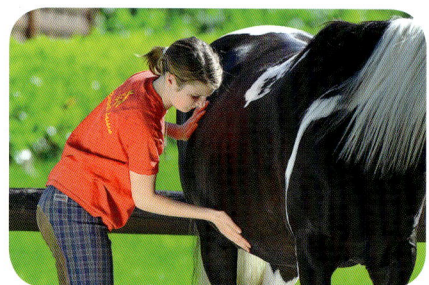

◄ Der Lama-TTouch wird mit der Rückseite der Hand oder den Fingern gemacht. Rosa zeigt ihn hier bei Katinka, die die TTouches sehr genießt. Diese Berührungen helfen kopfscheuen und berührungsempfindlichen Ponys, dir zu vertrauen.

◄ Der Anfang der „Leckenden Kuhzunge". Dieser streichende TTouch kann gut vor und nach dem Reiten gemacht werden! Mit dem Gesicht zum Pferd stehend streicht Rosa von der Bauchnaht …

Massage gefällig?

Neben dem Haargleiten und dem Abstreichen gibt es noch viele andere Massagegriffe oder TTouch-Berührungen aus dem Tellington-Training, die sich leicht ins Putzritual einbauen lassen. Sie haben schon vielen Ponys und Pferden geholfen, sich besser bewegen und konzentrieren zu können und ihrem Menschen tief zu vertrauen.

Viele dieser Berührungen sind kreisförmig. Dabei überlappen sich die Kreise ein wenig. Bei den kreisenden TTouches wird das Fell mit der Hand oder mit den Fingern bewegt. Dabei liegt die Hand federleicht auf und drückt nur ganz sachte. Es ist ein Unterschied, ob du übers Fell rutscht (so soll es nicht sein) oder ob man das Fell im Kreis bewegt (so soll es sein).

Waschbären und Kuhzungen

Du kannst den Waschbär-TTouch ganz gut auf dem eigenen Arm ausprobieren. Beim Waschbär-TTouch liegen nur die Fingerkuppen auf und bewegen die Haut. Diese Berührung eignet sich gut für kleinere Flächen wie das Gesicht, die Beine, die Ohren oder den Kronrand. Man kann Waschbär-TTouches auch sehr gut in eini-

gem Abstand rund um Schwellungen oder Verletzungen machen, denn sie fördern die Durchblutung und Wundheilung.

Sie werden so leicht ausgeführt, dass du gerade noch die Haut verschieben kannst. Beginne jeden neuen TTouch ein Stückchen neben der vorherigen Stelle.

Das „Lecken der Kuhzunge" ist ein flächiger TTouch, der das Pferd auf das Satteln vorbereitet.

TTouches fürs Turnier

Ich habe die Tellington-TTouches von Linda Tellington-Jones gelernt und ttouche und massiere meine Pferde zum Beispiel auf dem Turnier. Meist streiche ich ihre Ohren aus und massiere ihre Nüstern, das genießen sie. Auch Carmen, meine Pflegerin, ttoucht Braxxi, während ich schon mal den Parcours ablaufe.

▲ Am Rücken angekommen, streicht Rosa genauso fließend weiter bis zum Schweif. Sie macht dies ein paar Mal hintereinander. Bitte nicht vergessen: Ganz normal atmen! Dieser TTouch ist super für den Rücken des Pferdes.

▲ … in einer fließenden Bewegung über den Rumpf zum Rücken. In der Mitte des Rumpfes zeigen ihre Fingerspitzen nicht mehr nach unten, sondern nach oben.

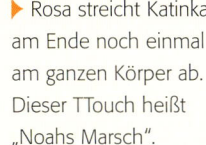 ▶ Rosa streicht Katinka am Ende noch einmal am ganzen Körper ab. Dieser TTouch heißt „Noahs Marsch".

Entspannung für Mensch und Tier

Am Ende einer Massage oder TTouch-Behandlung streichst du das ganze Pony mit der flachen Hand sanft von vorne nach hinten ab. Dieser TTouch wird „Noahs Marsch" genannt, weil alle TTouch-Tiere dabei miteinander verbunden werden, die Waschbären, Muscheln, Kühe, Lamas und alle anderen.

Manche Ponys mögen es anfangs nicht, berührt oder massiert zu werden, weil sie sehr verspannt sind. Abstreichen mit der Gerte oder Lama-TTouch-Kreise mit der Rückseite von Hand oder Fingern, wie Rosa sie oben links bei Katinka macht, helfen ihnen, dir zu vertrauen.

▶ **Tipp:** Auf S. 42 findest du einen Test, der dir zeigt, wie es um das Körperbewusstsein deines Ponys bestellt ist.

Sunnys TTouch-Massage

Ich habe mir genau zeigen lassen, wie ich Sunnys Rücken massieren kann. Die TTouches sind leicht und fühlen sich gut an. Ich möchte, dass es Sunny schnell wieder besser geht (siehe S. 30), und wenn ich sie wieder reiten kann, will ich sie vor und nach dem Reiten massieren, damit sie gesund bleibt.

◀ Ein glänzendes Fell, blanke Augen und guter Appetit zeigen, dass Konikhengst Karl kerngesund ist.

▼ Clara fühlt den Puls von Trajan zwischen seinen Ganaschen, während Ute mithilfe der Stoppuhr des Handys die Zeit misst. Bei Trajan sind es vor dem Reiten 32 Schläge pro Minute.

Wie geht's?

Als Fluchttiere versuchen Pferde so lange wie möglich zu verbergen, dass sie krank sind. Anders als Hunde winseln sie nicht. Pferde geben keine Schmerzlaute von sich. Wenn sie nicht gerade husten, stark lahmen oder heftige Bauchschmerzen haben, muss man schon genau hinschauen, um zu entdecken, dass sie krank sind.

Manche Menschen, auch Kinder, haben die Gabe, sofort beim Betreten eines Stalles zu spüren, dass es einem Pferd nicht gut geht.
Verschiedene Punkte helfen außerdem, regelmäßig die Gesundheit des Pferdes zu überprüfen.

Sehen und fühlen

Vor und nach jedem Ritt solltest du am Pferderücken und an den Pferdebeinen entlangfahren und sie auf warme oder geschwollene Stellen oder Wunden untersuchen. Auch die Hufe solltest du gründlich reinigen und kontrollieren.
Die Gesundheit der Haut kann man am besten beim

Gesundheit ist messbar

PAT-Werte nennt man die Werte für Puls, Atmung und Temperatur. Sie werden auch bei Distanz- oder Vielseitigkeitsritten ermittelt.

Bei einem erwachsenen Pferd beträgt der Ruhepuls zwischen 28 und 40 Schlägen pro Minute. Bei Stress oder nach großer Anstrengung kann er auf bis zu 200 Schläge ansteigen!

Ein erwachsenes Pferd macht pro Minute etwa 8 bis 16 Atemzüge. Bei Stress oder großer Anstrengung beschleunigt sich die Atmung auf bis zu 100 Atemzüge. Die normale Körpertemperatur eines erwachsenen Pferdes liegt bei 37,5 bis 38,2 Grad. Bei Anstrengung steigt sie auf bis zu 40 Grad.

Nach zehn Minuten Pause sollten sich die Werte wieder an die Ruhewerte angeglichen haben.

▶ Clara misst Trajans Temperatur. Das Thermometer sollte an einem Band befestigt sein, damit es nicht ins Pferd rutschen kann!

▲ Spiegel einer gesunden Verdauung sind nicht zu feste und nicht zu weiche Pferdeäpfel.

▼ Leuchtende Augen, glänzendes Fell, gespitzte Ohren, ein kraftvoller Galopp, der auch in den Übergängen zum Trab nicht „humpelig" aussieht. – Nini ist ganz offensichtlich fit und zufrieden!

Bauchschmerzen = Kolik

Eine leichte Kolik erkennt man daran, dass die Ponys oder Pferde die Ohren leicht zurücknehmen, scharren, unruhig sind, sich direkt nach dem Fressen hinlegen oder gar nicht erst fressen. Wenn die Schmerzen stärker werden, schauen die Pferde nach ihrem Bauch, flehmen, treten nach dem Bauch oder wälzen sich. Egal, ob die Kolik leicht oder schon stärker ist, man sollte sofort den Tierarzt rufen!

Putzen überprüfen und erhalten. Abgescheuertes Mähnen- oder Schweifhaar ist oft ein Zeichen für Parasiten wie Würmer oder Haarlinge, kann aber auch auf eine Allergie hindeuten.

Guter Appetit und gut geformte Pferdeäpfel sind ein Anhaltspunkt für eine gute Verdauung.

Dauert eine Erkrankung länger an, verlieren die Augen und das Fell des Pferdes an Glanz. Die Augen schauen scheinbar nach innen, das Fell wirkt stumpf. Das Pferd ist lustlos und müde, vielleicht aber auch gereizt, aggressiv oder schlecht gelaunt.

▶ **Tipp:** Wie ein Huf aufgebaut ist, siehst du auf S. 21.

Sunny hat Rückenschmerzen

Sunshine, die Schimmelstute

Clara und Sunny sind ein tolles Team. Nachdem Claras Pflegepony Lily an Altersschwäche gestorben war, dauerte es etwas, bis ihre erste Trauer nachließ.

Dann lernte Clara Sunshine kennen, eine temperamentvolle, pfiffige und flotte Schimmelstute. Sie pflegt und reitet sie jetzt, so oft es irgendwie geht. Sogar am Nordseestrand sind die beiden schon zusammen gewesen!

Reitfotos – leider nicht mit Sunny!

Keine Frage, dass sie auch beim Fototermin für dieses Buch dabei sein wollten!

Doch nach der ersten halben Stunde des ersten Nachmittags begann Sunny, im Trab zu buckeln. Huch, was war das? Schnell durchparieren in den Schritt! Dann ein paar heftige Buckler im Schritt und Clara landete im Sand der Reitbahn. Was war geschehen? Sunny hatte doch sonst nie gebuckelt!

Gute Besserung

Nach dem Fototermin wurde Sunny einige Wochen lang nicht geritten. Sie bekam Akupunkturbehandlungen, Clara machte Bodenarbeit mit ihr und massierte und ttouchte sie.

Vor allem jedoch wurde ihr Sattel neu angepasst. Gebuckelt hat Sunny seitdem nicht mehr. Musste sie ja auch nicht. Wir haben ihr ja zugehört!

Schwellung

Sattelcheck

Beim Überprüfen des Sattels fanden wir eine handtellergroße Schwellung hinter der Sattellage, die du auch auf dem Foto erkennen kannst. Sunnys Sattel passte nicht mehr zur Form ihres Rückens und das tat weh.

Wir legten einen anderen Sattel auf, der besser auf Sunnys Rücken passen sollte. Aber als Clara noch einmal aufsaß, machte Sunny zuerst die Augen zu, dann flehmte sie ein bisschen, schließlich doller und mit gestrecktem Hals. Clara sprang wieder ab.

Auch mit diesem Sattel fühlte Sunny sich nicht wohl. So konnte sie also am Fototermin nicht als Reit-, sondern nur als Pflege- und Bodenarbeitspony teilnehmen.

Bodenarbeit

Mit Pferden an der Hand zu arbeiten, wird immer beliebter. Zu Recht, denn Bodenarbeit eignet sich für alle und für jeden. Sie passt zu so vielen Menschen und Pferden oder zu Situationen, in denen Reiten keine gute Idee ist.

Hat man zu wenig Zeit zum Reiten? Bodenarbeit. Ist das Pferd zu alt oder der Reiter noch ungeübt? Bodenarbeit. Ist das Pferd zu jung oder der Reiter gelangweilt? Bodenarbeit. Haben Pferd oder Reiter Rückenschmerzen? Bodenarbeit.

Versteht das Pferd nicht, wie man rückwärts geht, hat es am Vortag viel getan oder wurde es eine Zeit lang gar nicht geritten? Bodenarbeit. Möchte man etwas besonders Lustiges oder Ruhiges, Spannendes oder Entspannendes mit dem Pferd unternehmen? Bodenarbeit. Ist der Reitplatz voller Pfützen? Bodenarbeit. Die Liste lässt sich beliebig verlängern, du wirst schon sehen!

◀ Rosa im Gleichschritt mit Trajan bei der lösenden Bodenarbeit vor dem Reiten.

▲ Gähnende Leere – ein völlig leerer Platz! Vergleiche dieses Foto mit dem Bild nach dem Aufbau der Bodenhindernisse.

Halfter, Strick und Gerte

Für die Bodenarbeit braucht man ein wirklich gut passendes Halfter. Schlabberig sitzende Halfter können verrutschen, auf einer Seite kann der Backenriemen des Halfters dann zu nah an das Auge geraten – das ist unangenehm für das Pferd.

Manche Halfter kann man nicht nur am Kehl-, sondern auch am Kinnriemen verstellen. Da man bei der Bodenarbeit genau wie beim Reiten fein einwirken möchte, sind solche verstellbaren Halfter am besten geeignet, denn sie passen richtig verschnallt dann wirklich genau an den Kopf.

Führleine

Der Führstrick für die Bodenarbeit hat keinen Panikhaken, sondern einen Karabinerhaken. Panikhaken sind gut geeignet, um ein Pferd anzubinden. Beim Führen gehen sie aber manchmal versehentlich auf, wenn das Pony den Kopf ruckartig bewegt. Das kann zu brenzligen Situationen führen! Man kann auch ein Seil benutzen, das gar keinen Haken hat: Du kannst es mit einem Sicherheitsknoten am Halfter befestigen. Diese Seile haben den Vorteil, dass man sie über den Nasenriemen des Halfters führen kann. Sie sind in jedem Baumarkt zu haben. Eine gute Seillänge sind drei Meter.

Bodenarbeit – aber sicher

• Trage bei der Bodenarbeit feste Schuhe, um deine Füße zu schützen.

• Auch Handschuhe sind empfehlenswert.

• Wickle dir das Führseil niemals um die Hand, sondern nimm es in Schlaufen auf, die du jederzeit loslassen kannst, sollte dein Pony einen Satz machen oder den Kopf hochreißen.

• Nimm das Führseil in beide Hände. Wenn dein Pony sich aufregt, kannst du ganz schnell einen Sicherheitsabstand zu ihm herstellen. Außerdem bist du so selbst besser im Gleichgewicht.

Karabinerhaken

Panikhaken

Halfter

Gerte

Stiefel

▶ Plastik, eine stabile Kiste zum Draufklettern, Hütchen-Slalom, Stangen-Mikado und Gasse verwandeln den Platz in einen Spielplatz! So macht Bodenarbeit Spaß!

▼ Levke fädelt die sogenannte Lamaleine in Sir Henrys Halfter. Es ist wichtig, die Leine über dem Nasenriemen des Halfters überkreuzen zu lassen. Daher läuft die Leine von oben nach unten …

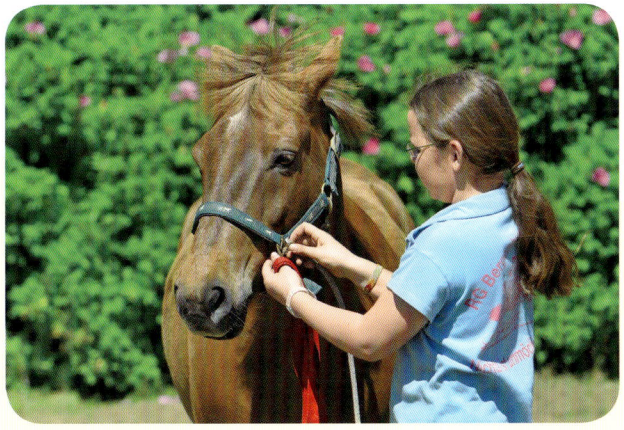

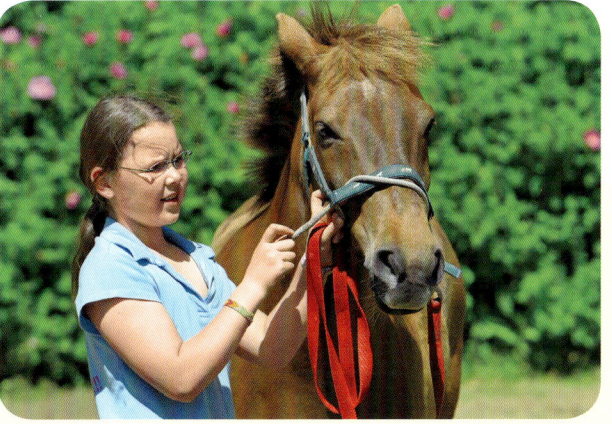

Zauberstab

Wir benutzen außerdem eine Dressurgerte als verlängerten Arm. Sie ist 1,10 bis 1,20 Meter lang. Man kann sie einsetzen, um das Pferd abzustreichen oder sein Tempo zu verändern. Ist es zu schnell, tickt die Gerte vor der Brust zum Abbremsen an, ist das Pony zu langsam, tickt die Gerte am hinteren Rumpf zum Beschleunigen an. Kommt es dir zu nahe, bewege die Gerte wie einen Scheibenwischer hin und her, damit hältst du dein Pony auf Abstand. Da die Gerte sowohl beschleunigend als auch beruhigend wirken kann, wird sie auch „Zauberstab" genannt.

Schuhzeug und Handschuh

Für das Gelassenheitstraining und andere Bodenarbeitsübungen empfehle ich, feste Schuhe und Handschuhe zu tragen. Helm und Reitweste braucht man in der Bodenarbeit nicht, manche empfehlen aber auch dies.

▶ **Tipp:** Übungen aus dem Gelassenheitstraining findest du auf S. 46 und 48.

▲ … in den Ring, dann quer über die Nase und wieder von oben nach unten heraus. Außen wird sie am Backenstück des Halfters hochgezogen und im oberen Ring eingehakt. So kann sie …

▼ … sich nicht zuziehen. Benutze die auf der Ponynase überkreuzte Leine immer zusammen mit einer Gerte. So kannst du auch auf etwas eigensinnigere Ponys gut einwirken.

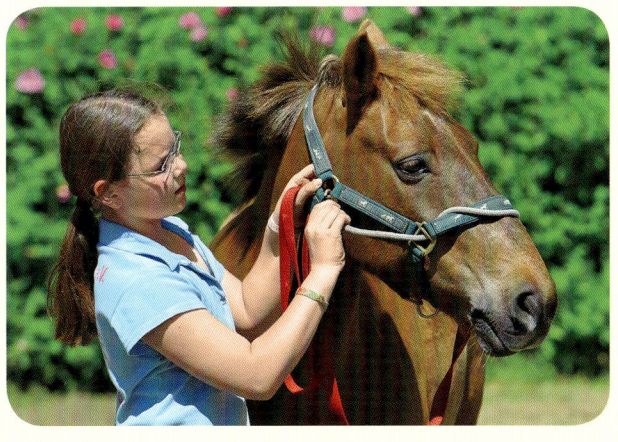

◀ Es macht echt Spaß, das Führen auch aneinander zu üben. Versucht diese Übung auch einmal mit Halfter, oder, wenn ihr weniger wild aufgelegt seid, mit verbundenen Augen.

▲ Der „Elegante Elefant" in der Vorwärtsbewegung. Der Mensch bleibt vor dem Pferdeauge und deutet mit der Gerte den Weg an. Zum Anhalten kurzes Rückwärtszupfen am Strick und Gertentupfen an der Brust.

Pferde richtig führen

Tiere als Paten

Linda Tellington-Jones hat nicht nur gute Ideen zu Berührungen, die Stress und Körperspannung bei Ponys und Pferden verringern, sodass sie ruhiger und konzentrierter mitarbeiten. Sie hat auch als erste Pferdetrainerin den Wert der Bodenarbeit wiedererkannt und ein ganzes Bodenarbeitssystem entwickelt. Als Tierfreundin hat sie den unterschiedlichen Übungen Tiernamen gegeben.

Bodenarbeit mit Hengsten

Bodenarbeit gehört für mich zur Erziehung von Pferden dazu. Vor allem mit Hengsten mache ich Führarbeit am langen Strick. Wir üben zum Beispiel den Gleichschritt und den Wiegeschritt, das ist der Wechsel von einem Schritt vorwärts, rückwärts, vorwärts. Hengste reagieren auf das Antippen an der Brust mitunter gereizt, da sie sich im Rangordnungsspiel gegenseitig in die Brust beißen.

Elegant wie ein Elefant

Zum ersten Ausprobieren eignet sich der „Elegante Elefant". Er heißt so, weil die Gerte zum Losgehen und Anhalten hin und her bewegt wird wie ein Elefantenrüssel und die in Schlaufen gehaltene Leine an ein Elefantenohr erinnert.

Beim Führen bleibt man immer ein wenig vor dem Pferdeauge. Kommt man nämlich hinter das Pferdeauge, wirkt man treibend und das Pferd wird schneller.

Anhalten

Wenn man anhalten möchte, geht man nach dem Wortsignal „Halt" noch weiter mit dem Pferd mit. Bleibt man sofort nach dem Kommando „Halt" stehen, wickelt sich das Pferd beim Anhalten entweder um einen herum oder es hält gar nicht erst an.

Zusätzlich zum Wortsignal „Halt" zupft man am Führseil leicht nach hinten, bewegt die Gerte auf den Pferdekopf zu und tippt das Pferd mit der Gerte an der Brust an. Den Ellbogen setzt man zum Bremsen nicht ein! Hat das Pferd die Signale verstanden, wird es nach einiger Zeit reichen, nur noch die Gerte in Richtung Pferdebrust zu bewegen und „Halt" zu sagen. Beim entspannten Anhalten schnellt der Pferdekopf nicht nach oben. Idealerweise steht das Pferd wie ein Tisch, mit einem „Bein in jeder Ecke".

◀ Rosa führt Trajan in der Führposition „Eleganter Elefant" über die Stangen. Aufmerksam gehen beide vorwärts. Bei der Bodenarbeit müssen sich beide genau wie beim Reiten konzentrieren.

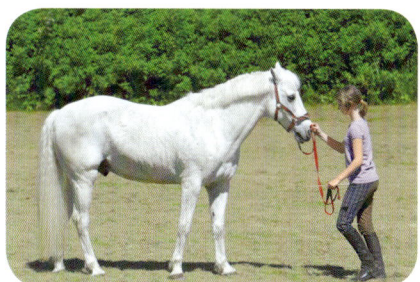

◀ Trajan geht auf das Tippen am Bein hin schön diagonal rückwärts. Schau dir sein rechtes Hinterbein an, das ebenfalls zurückgeht. Super, Trajan!

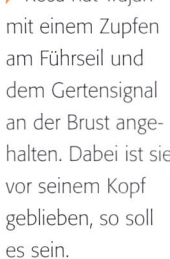

▶ Rosa hat Trajan mit einem Zupfen am Führseil und dem Gertensignal an der Brust angehalten. Dabei ist sie vor seinem Kopf geblieben, so soll es sein.

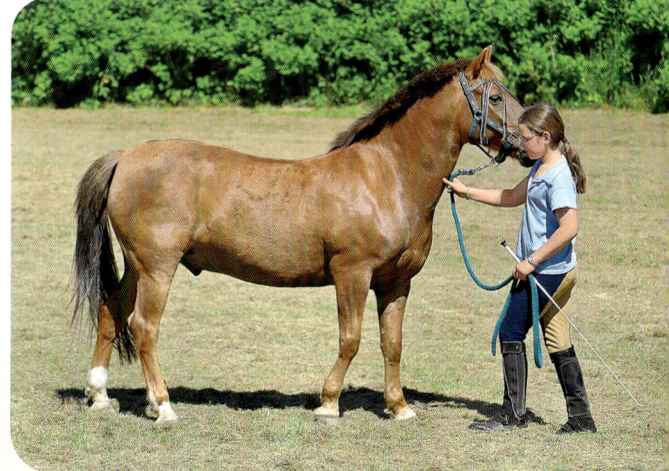

▲ Levke geht energisch auf Sir Henry zu und übt mit ihrer Hand an seinem Hals sanft Druck nach hinten aus. Henry reagiert. Guter Junge!

Losgehen

Zum Losgehen zupft man am Führseil leicht nach vorne und spricht das Wortsignal, zum Beispiel „Und Scheerittt". Tritt das Pferd nicht an, kann man es zusätzlich mit der Gerte am hinteren Bauch antippen. Dort würde man auch das Bein anlegen, um das Pferd vorwärts zu treiben. Das über die Nase geführte Führseil wird genauso vorsichtig benutzt wie ein Zügel.

Nach dem Zupfen zum Anhalten oder zum Antreten lässt man sofort wieder locker. Wenn man vergisst, nachzugeben, ist das Seil ständig straff, und die Pferde reagieren nicht mehr auf feine Signale oder beginnen sogar, genervt am Seil zu ziehen oder mit dem Kopf zu schlagen.

▶ **Tipp:** Wie sich das Anhalten vom Boden aus und das Anhalten aus dem Sattel gleichen, kannst du auf S. 100 überprüfen.

Rückwärts

Das Rückwärtsgehen übst du am besten zuerst vom Boden aus. Viele Ponys gehen nicht besonders gern rückwärts. Manchmal ist das der Grund dafür, warum sie nicht gern in den Pferdeanhänger gehen. Woher sollen sie auch wissen, ob hinter ihnen nicht plötzlich ein gefährlicher Sumpf oder gar eine Schlange aufgetaucht

ist? Beim Üben brauchst du Geduld und Ruhe. Wenn dein Pony dann irgendwann zügig rückwärtsgeht, zeigt das auch sein tiefes Vertrauen zu dir. Stell dich mit etwas Abstand vor dein Pony. Schau dir nun seine Vorderbeine an. Steht es nicht in „Tischstellung" mit parallel aufgestellten Hufen, tippst du das Vorderbein an, das etwas vor dem anderen steht. Gleichzeitig legst du eine Hand auf die Pferdenase, übst sanften Druck aus, gehst energisch auf dein Pony zu und sagst „Und zu-rück".

Wenn ihr beide noch nicht so vertraut mit dem Rückwärtsgehen seid, genügt ein einziger Schritt rückwärts! Mach sofort eine Pause und lobe dein Pony mit großer Begeisterung!

Bei besonders zögerlichen Rückwärtsgängern lobst du sofort, wenn du nur das Anheben eines Vorderbeins oder die Gewichtsverlagerung nach hinten siehst.

Mit zunehmender Übung und wachsendem Vertrauen darfst du auch mehr von deinem Pony verlangen. Ihr könnt üben, eine ganze Pferdelänge rückwärtszugehen oder sogar rückwärts durch das Stangen-L zu kommen.

◀ Schau dir Ninis aufmerksam auf Marcel gerichtetes Ohr an! Die beiden befinden sich mitten in einer Bodenarbeitsunterhaltung und man sieht, dass sie sich wirklich gut verstehen.

▼ Auf dem oberen Bild hat Rosa Trajan angehalten. Oft stehen Ponys ruhiger, wenn man ihnen nicht zu nahe kommt. Die beiden unteren Bilder zeigen, wie du dein Pony mit mehr Abstand führen kannst. Rosa bleibt dabei immer schön weit vorne und sorgt mit der Gerte dafür, dass Trajan in seiner Spur bleibt. Sie tippt ihn etwa eine Handbreit hinter seinem Ohr an oder bewegt die Gerte wie einen langsamen Scheibenwischer zwischen sich und dem Pony.

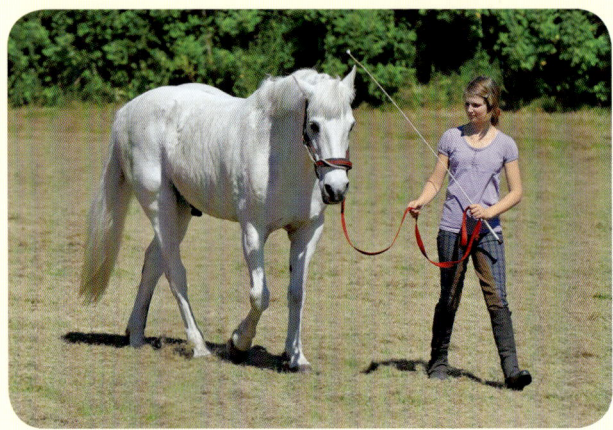

Tempo und Abstand

Verschiedene Ponys haben ein langsames oder schnelles Grundtempo. Andere haben es nur dann eilig, wenn sie geführt oder geritten werden. Oder sie rühren sich beim Gehen kaum vom Fleck. Das Tempo eines Ponys beeinflussen zu können, ist beim Führen genauso wichtig wie beim Reiten. Und wenn es beim Führen erst einmal gut klappt, gelingt es auch beim Reiten leichter!

Eilige Ponys werden zuerst im „Eleganten Elefanten" geführt. Durch Zupfen und Nachgeben lassen sie sich vor allem dann gut verlangsamen, wenn die Gerte immer wieder langsam auf sie zu bewegt wird. Diese langsame Bewegung bekommt man am besten hin, wenn man sich vorstellt, die Gerte dabei durch Wasser zu ziehen.

Anmutiger Gepard

Reagiert dein Pony schon gut auf alle feinen Signale zum Antreten und Anhalten, kannst du beim Führen etwas mehr Abstand zu ihm halten. Diese Führübung heißt „Anmutiger Gepard". Sie eignet sich gut für Po-

▲ Trajan geht zufrieden in seiner Spur. Beachte den Abstand zwischen den beiden und die durchhängende Führleine. Sie hilft dem Pony, gerade zu laufen und selbstsicher zu werden.

◀ Malte führt Aron hier im Slalom in eine Wendung nach innen, auf sich zu. Vor dem Reiten macht der Slalom oder das Führen von Achten das Pony locker. Achte dabei auf den Abstand!

▲ Hier führt Rosa Trajan von rechts. Auch wenn die beiden sich erst daran gewöhnen mussten, ist das Führen von rechts eine wichtige Übung für das Gleichgewicht von Pferd und Mensch.

nys, die gern drängeln oder alles ins Maul nehmen wollen, und hilft ihnen, unabhängiger und aufmerksamer zu werden. Im „Anmutigen Geparden" werden die Signale nur mit Körpersprache, Stimme und Gerte gegeben.

Wenden

In der Bodenarbeit führt man Wendungen nach außen und nach innen durch. In Wendungen nach außen, also von sich weg, muss man ein bisschen schneller gehen oder größere Schritte machen als das Pony. Auf diese Weise bleibt man weiter vor dem Pferdeauge und kann den Ponykopf dirigieren.

Wendungen nach innen sind bei FN-Prüfungen wie der Gelassenheitsprüfung, dem Kleinen Hufeisen oder dem Reiterpass ebenso tabu wie das Führen von rechts.

Links und rechts

In der alltäglichen Bodenarbeit ist es jedoch sinnvoll, von rechts zu führen und nach innen zu wenden! Geführte Wendungen von links und rechts sind eine super

Gymnastik für das Pony. Schlangenlinien und Achten in der Bodenarbeit machen geschmeidig und helfen dem Pony, ins Gleichgewicht zu kommen, gerader zu werden und ein einheitliches Tempo beizubehalten.

Bei den Wendungen nach innen muss man allerdings aufmerksam auf den eigenen Abstand zum Pony achten. Ist der Abstand zu gering, besteht die Gefahr, dass der Ponyhuf auf dem Menschenschuh landet – und das tut weh!

Gewichtige Hufe

Ein großes Pony wiegt etwa 450 Kilogramm. Das macht pro Vorderhuf um die 125 Kilogramm, denn die Vorhand trägt immer etwas mehr Gewicht als die Hinterhand. Dies ist auch der Grund dafür, dass du im Zusammensein mit Pferden feste Schuhe tragen solltest.

Behalte die Ponyhufe immer aufmerksam im Blick. Ein Pony tritt schnell mal zur Seite und sieht dann oft nicht, dass dein Fuß genau da steht, wo es seinen Huf hinstellt.

◀ „Halt! Die Schranke ist zu." Trajan schaut sich die beiden Gerten an, die ihm den Weg versperren. Finja und Rosa stehen schön weit vorne, aber etwas zu dicht am Pferd.

▼ Rosa und Finja sprechen sich ab, wo sie anhalten, wann sie losgehen und wo es als Nächstes hingeht. Sie sind schön weit vorne, könnten aber etwas mehr Abstand zu Trajan halten.

Führen zu zweit

Ponys von zwei Seiten gleichzeitig zu führen, ist eine wichtige und wunderbare Übung. Das hat mehrere Gründe. Die „Brieftaube", wie das Führen von beiden Seiten in der Tellington-Methode genannt wird, wirkt beinah wie Medizin und ist in ihrer Heilkraft mit dem TTouch durchaus vergleichbar. Woher kommt das?

Beide Seiten

Pferde benutzen, genau wie Menschen, ihre Augen unterschiedlich und bevorzugen ein Auge. Auch Hände, Füße, Hufe, Arme und Beine werden ja unterschiedlich eingesetzt und dagegen ist auch nichts einzuwenden. Manchmal führt diese Schiefe aber dazu, dass Pferde unsicher, unruhig oder aggressiv sind. Die Schiefe ist dann zu ausgeprägt und beeinflusst das körperliche und seelische Gleichgewicht negativ.

Bodenhindernisse auf beiden Seiten helfen dem Pferd, ins Gleichgewicht zu kommen. Verstärkt wird diese Wirkung noch, wenn das Pferd dabei von beiden Seiten geführt wird.

Zeichen für Schiefe beim Pferd

- Kann einen Vorder- oder Hinterhuf nicht gut geben,
- lässt sich besser von links als von rechts führen,
- kann Zirkel oder Volten links oder rechts herum besser,
- scheut häufiger vor Dingen, die auf der rechten oder linken Seite sind,
- kann dem linken Schenkel besser weichen als dem rechten,
- galoppiert rechter oder linker Hand häufig falsch an.

Linkes oder rechtes Auge

Wenn du herausfinden möchtest, welches dein stärkeres Auge ist, schaue durch einen Kreis hindurch, den du aus Daumen und Zeigefingerspitze formst. Halte die Hand mit dem Kreis in etwa 30 cm Entfernung vor deine Augen und schaue durch den Kreis hindurch auf einen kleineren Gegenstand, der sich in etwa zwei Metern Entfernung befindet. Nun schließe abwechselnd dein linkes und rechtes Auge.

Das Auge, mit dem du den Gegenstand noch sehen kannst, ist dein Führungsauge. Bei deinem anderen Auge rutscht der Gegenstand an den Rand des Kreises oder verschwindet sogar ganz daraus.

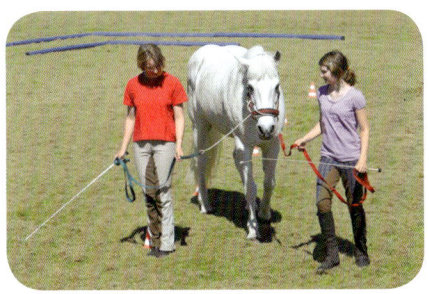

▼ Die Gerten weisen nach rechts. Rosa ist gerade die „Bestimmerin" und sagt die Wegstrecke an. Trajans inneres, rechtes Ohr ist auf „Empfang" geschaltet.

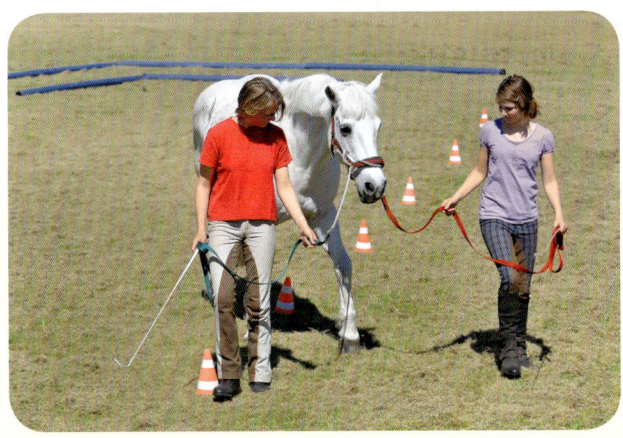

▲ Beim Führen von Kurven muss man außen große Schritte machen, während man innen fast auf der Stelle steht und das Pony etwas zurückhält. Auf dem Bild ist Rosa außen.

▲ Alle paar Schritte stoppen Finja und Rosa Trajan zwischen den Stangen und halten ihm dabei die Gerten als Bremse in den Weg. Beim Losgehen geben die Gerten den Weg frei.

Brieftaube

Zunächst einmal sprechen die beiden Menschen sich ab, wer von beiden „Bestimmer" ist. Der „Bestimmer" gibt die deutlicheren Signale ans Pferd, überlegt sich die Wegstrecke und sagt ständig Sachen wie „Vor der roten Stange halten wir an, dann gehen wir über die drei Stangen und danach wenden wir nach links ab."

Damit das Pferd genügend Kopffreiheit hat, bleiben die beiden Führpersonen etwa eine Gertenlänge weit weg vom Pferd.

Es ist wichtig, dass sie sich immer sehen und absprechen können, wo sie hingehen und wann sie anhalten oder weiterlaufen. Sie bleiben also vor dem Kopf des Pferdes und zwar auch dann, wenn sie anhalten wollen.

Zum Anhalten gibt der Bestimmer das Stimmsignal, wendet sich zum Pferd und führt die Gerte aufs Pferd zu, läuft aber so lange weiter, bis das Pferd steht.

Spaß zu dritt und zu viert

Kniffelig ist die „Brieftaube" vor allem in Wendungen. Während der eine besonders große Schritte machen muss, bleibt der andere fast auf der Stelle stehen und sorgt dafür, dass auch das Pferd langsam und kontrolliert wendet.

Auch ganz praktische Gründe sprechen für die „Brieftaube". Diese Führposition ist eine gute Möglichkeit, unerfahrenen Freunden das Führen von Ponys beizubringen oder mit vielen Kindern und wenig Ponys Spaß zu haben.

Setzt man noch ein Kind auf den Ponyrücken, mit Helm natürlich, ist man schon zu viert am Spielen. Alle Kinder können immer mal die Position wechseln und verschiedene Spielideen durchprobieren.

◀ Damit ein Pony so engagiert über Stangen traben kann, hilft ihm die Bodenarbeit ohne Reiter. Malte lässt Aron genügend Kopffreiheit. Und Aron macht toll mit.

Stangen-L

Stangentraining

Hindernisstangen bereichern die Bodenarbeit sehr. Man kann sie in unterschiedlichen Mustern oder einzeln legen. Sie helfen dem Pferd, seinen Kopf zu senken. Dadurch werden eilige Pferde langsamer und angespannte Pferde entspannen sich. Auch gegen Stolpern, Unaufmerksamkeit und schlechte Koordination hilft diese Form von Bodenarbeit.

Geführte Kurven fördern die Geschmeidigkeit. Menschen lernen durch die Stangenmuster, sich im Einklang mit dem Pferd zu bewegen. Das ist ja auch ein wichtiges Ziel beim Reiten. Langsamkeit ist ein wichtiges Stichwort. Um das Tempo zu drosseln, hält man sein Pferd immer wieder an, in Kurven oder beim Rückwärtsgehen macht man sogar nach jedem einzelnen Schritt eine Pause!

Durch die Gasse

Ein einfaches und trotzdem vielseitiges Stangenmuster ist die Gasse. Man kann sein Pferd zuerst vorwärts

Der Stangentest

Wie gut dein Pony seinen Körper fühlt, kannst du an einer einzelnen Bodenstange testen. Halte das Pony erst vor der Stange an und lass es dann zwei Schritte machen, sodass die Vorderbeine vor der Stange und die Hinterbeine hinter der Stange sind.

Nun lass es die Hinterbeine einzeln vor die Stange nehmen. Anschließend soll es mit den Hinterbeinen wieder zurück hinter die Stange treten.

Wenn es dabei drängelt, eilig oder schief wird oder sich nicht vom Fleck rührt, ist das ein sicheres Zeichen dafür, dass du von nun an vor dem Reiten Bodenarbeit mit ihm machen solltest!

▼ Trajan hat sich von Rosa anhalten lassen, obwohl die Stange zwischen seinen Vorder- und Hinterbeinen liegt. Er findet es auch nicht schwer, Schritt für Schritt vor und zurück zu gehen.

Gasse

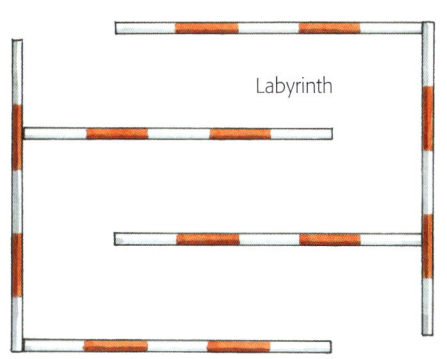

Labyrinth

◀ Dies sind Beispiele für Stangen-Muster: Das Stangen-L, die Gasse, und das Labyrinth. Du kannst dein Pony durch und über die Stangen führen und dir natürlich auch selbst Muster ausdenken.

▶ Im Stangen-L und im Labyrinth kann man in den Kurven gut fühlen und sehen, wie geschmeidig das Pony ist und in welche Richtung es sich besser biegen kann. Sunny ist rechts steifer.

durch die Gasse führen. Beim zweiten Mal hält man es in der Mitte der Gasse an und lässt es einige Schritte rückwärtsgehen.

Wenn das gut klappt, hält man erst am Ende der Gasse an und fädelt das Pferd rückwärts aus der Gasse heraus. Die Stangen der Gasse lassen sich aber auch in verschiedenen Variationen überqueren, zum Beispiel, indem man die Stangen in eine geführte Acht einbaut.

Stangen-L

Mit wenigen Handgriffen lässt sich die Gasse in ein L verwandeln. Rückwärts durchs L zu führen, ist schon ganz schön schwierig! Vorwärts bietet das L neue Möglichkeiten.

Labyrinth

Etwas komplizierter aufzubauen ist das Labyrinth. Es besteht aus zwei ineinander verschachtelten Fs. Der etwas umständliche Aufbau lohnt sich aber.

Wenn man sein Pferd langsam Schritt für Schritt und mit vielen Pausen um die vier Kurven führt, wirkt das Labyrinth Wunder. Fortgeschrittene Pferde bewältigen es rückwärts und es gibt auch viele Möglichkeiten, die Stangen zu überqueren.

Wer ist der Chef?

Hundertprozentig wach!

Für frei lebende Pferde ist es wichtig, immer auf der Hut vor möglichen Angreifern zu sein. Auch Futter- und Wasserstellen wollen klug gewählt werden. Daher werden Wildpferdeherden von einem fähigen Leithengst und einer Leitstute angeführt, die für das Wohlergehen ihrer Herde Sorge tragen.

Das besondere Kennzeichen dieser Leitpferde ist, dass sie umsichtig, klug und hundertprozentig wach sind. Sie haben alles im Blick, passen immerzu auf, lassen sich nicht ablenken und schusseln auch nicht herum.

Energie sparen

Leitpferde verschwenden ihre Kraft nicht bei kräftezehrenden Rangeleien, sondern kämpfen, anders als Hauspferde, wirklich nur im Ernstfall. So haben die beiden Konikhengste Karl und Olko im strengen Winter ihre Herden zusammengeführt, um Energie zu sparen und das vorhandene Futter besser für alle nutzen zu können. Erst im Frühjahr trennten sich die beiden Herden wieder.

Die Konik-Teenager-Bande

Einige Jungstuten aus Karls Konikherde haben beschlossen, sich einer Junghengstherde anzuschließen. Als die Geburt ihrer Fohlen anstand, lebten sie eine Zeit lang in der Herde ihrer Mütter. Dort bekamen sie auch ihre Fohlen.

Einige Tage später zogen die Jungstuten jedoch wieder zu den jungen Hengsten, deren Herde nun mächtig angewachsen ist, ohne dass es einen ausgesprochenen Leithengst gibt.

Körpersprache

Bei kleineren Auseinandersetzungen genügt die eindeutige Körpersprache der Leitpferde, um zum Beispiel Jungpferde auf Abstand zu halten oder zu erziehen.

Auch im Konflikt mit dem Leithengst der zweiten Konikherde reicht es, dass Karl seine Kraft unmissverständlich mit einer einzigen Körperbewegung deutlich macht. Jungpferde zeigen zum Beispiel durch Kauen, dass sie sich unterordnen.

◀ Trajan läuft brav neben Rosa her. Ohrenspiel, Lecken und Kauen verraten aber, dass ihn der Klappersack beschäftigt.

▲ Trajan kennt den Klappersack bereits und läuft gelassen weiter, auch wenn er seine Ohren in Richtung Klappersack wendet und ein wenig angespannt aussieht.

Scheutraining mit Geräuschen

Eine andere Form der Bodenarbeit ist das Gelassenheitstraining. Die Voraussetzung für ein sinnvolles Gelassenheitstraining ist, dass sich das Pony bereits gut führen und anhalten lässt und dass es auf ein Signal hin ruhig stehen bleibt.

Manche Turnierveranstalter haben schon geführte oder gerittene Gelassenheitsprüfungen in ihr Programm aufgenommen, so dass man Gelegenheit hat, sich die Übungen einmal anzuschauen. Oder sein Pony anzumelden!

Achtung, Lärm!

Viele Pferde erschrecken sich vor unbekannten Geräuschen. Der Klappersack ist eine Möglichkeit, ihnen beizubringen, auch in gruseligen Situationen locker zu bleiben.

Für den Klappersack braucht man einen dicken Plastikmüllsack oder einen alten Bettbezug, sechs bis zehn leere Blechdosen und ein paar Heubänder, um den Sack zuzubinden.

Die erste Begegnung mit dem Sack ist entscheidend. Auf keinen Fall sollte der Sack dabei wild herumklappern oder lustig scheppernd auf und ab hüpfen.

Bevor man ihn überhaupt klappern lässt, darf das Pferd erst einmal daran riechen. Dann schüttelt man ihn ein bisschen und lobt das Pferd, wenn es dabei einigermaßen ruhig bleibt.

Es klappert der Sack

Die eigentliche Klappersack-Übung besteht darin, dass eine zweite Person den Sack neben und hinter dem Pferd herzieht, während das Pferd völlig gelassen weitergeht. Der Abstand zum Pferd richtet sich bei den ersten Malen danach, wie entspannt das Pferd ist. Fürchtet es sich noch sehr, ist der Abstand größer und wird erst nach und nach verringert. Am Ende soll er etwa einen Meter betragen.

▶ **Tipp:** TTouches helfen dem Pony, sich schneller zu entspannen. Lese weiter auf S. 12 und 26.

▲ Auch an den Beifall muss sich ein Pony erst gewöhnen. Vielleicht hast du schon einmal erlebt, dass die Zuschauer einer Veranstaltung mit jungen Pferden gebeten wurden, nicht zu klatschen?

Katinka + Kurs = cool

Katinka hatte früher Angst vor Treckern und Lastwagen. Erst seit wir einen Tellington-Bodenarbeitskurs und einen Gelassenheitskurs mit ihr gemacht haben, fürchtet sie sich nicht mehr vor großen Fahrzeugen. Obwohl in beiden Kursen ganz andere Dinge mit ihr geübt wurden, ist sie danach auch im Straßenverkehr mutiger und sicherer geworden.

▲ Übungen wie die mit dem Klappersack bereiten Pferde aufs Gelände vor. Dort begegnen ihnen die merkwürdigsten Geräusche und es ist gut, wenn sie schon auf dem Platz gelernt haben, dir zu vertrauen.

▼ Alles okay mit dir? Levke schaut Henry prüfend an, aber der bleibt cool. Die Geräusche der Plane unter seinen Hufen stören ihn nicht. Henry mag eben gute Unterhaltung!

Ruhe oder Rennen?

In freier Wildbahn, aber auch auf der Hauspferdeweide hält immer einer Wache, wenn die anderen schlafen oder dösen. Unbekannte Geräusche könnten Gefahr bedeuten! Die Ohren des Koniks sind auf den Fotografen gerichtet.

◀ Kimberly ist wirklich gelassen. Und sie hat Vertrauen zu Greta. Sollte es regnen, kann Greta einhändig reiten. Oder sie spielt „Prinzessin" mit Kimmi und ihren Freundinnen.

Scheutraining mit Plastik

Auf Turnieren erschrecken sich viele Pferde vor den Regenschirmen der Zuschauer. Das hat die Erfinder der Gelassenheitsprüfung wohl dazu bewogen, diese Übung mit aufzunehmen. Aber auch, wenn man noch nie einem Regenschirm auf zwei Beinen begegnet ist, ist es sinnvoll, sein Pony mit möglichst vielen unbekannten Dingen bekannt zu machen.

Je mehr Neues es auf entspannte und positive Art kennenlernt, desto sicherer wird es in neuen Situationen reagieren. Wovor könnte ein Pony Angst haben? Mülltonnen, Bobbycars, Schafe … Versuche ihm viele Begegnungen mit Neuem zu ermöglichen.

Regenschirm

Zunächst zeigst du ihm den zugeklappten Schirm und lässt es daran schnuppern. Dann gehst du auf Abstand, spannst den Schirm auf, legst ihn auf die Erde und führst dein Pony daran vorbei. Du kannst auch eine zweite Person bitten, mit dem offenen Schirm am Pony vorbeizugehen.

Plastikplanen

Für Pferde spielt der Untergrund, auf dem sie gehen, eine große Rolle. Viele Pferde fürchten sich vor Gullydeckeln oder vor plötzlich auftauchenden Schatten. Auch Pfützen oder die Klappe des Pferdehängers sind für manche unüberwindbare Hindernisse.

Um ein Pferd an Plastik zu gewöhnen, führt man es zunächst an einer Plane vorbei. Dabei geht man zwischen dem Pferd und der Plane. Im nächsten Schritt legt man zwei Planen mit einigem Abstand zueinander aus und führt das Pferd zwischen den Planen hindurch. Für ängstliche Pferde ist der Abstand zwischen den Planen dabei schön weit.

Vorsicht, beim Führen immer seitlich vom Pferd bleiben! Manchmal stürmen die Pferde nämlich zwischen den Planen los oder versuchen, die Aufgabe durch einen gewaltigen Satz schnell zu Ende zu bringen.

▲ Nini ist der Schirm nicht geheuer. Beim nächsten Mal geht Marcel zwischen Nini und dem Schirm. So fühlt sie sich sicherer und kann notfalls zur Seite springen, ohne auf Marcels Füßen zu landen.

◄ Katinka ist zwischen den Planen entspannt. Wenn sie Angst hätte, könnte man den Abstand zwischen den Planen vergrößern und sie hinter einem ruhigen Pferd hergehen lassen.

▲ Auch vor dem Schirm fürchtet sich Katinka nicht mehr. Allerdings hat sie ihre Ohren vorsichtshalber auf den Schirm gerichtet, man weiß ja nie.

Gemeinsam geht's besser!

Mein Pony Nini ist ja noch jung und ziemlich ängstlich. Anfangs hatte ich wirklich Schwierigkeiten, wenn sie dauernd zur Seite hüpfte, weil sie sich vor etwas erschreckt hatte.

Zum Glück haben wir ein Mädchen gefunden, das Nini regelmäßig reitet. Es ist schon eine fortgeschrittene Reiterin und gibt Nini Sicherheit. Das merke ich, denn sie ist nun auch bei mir viel ruhiger geworden.

Über Folien führen

Sobald sich das Pferd zwischen den Planen entspannt hat, kann man es auffordern, einen Huf auf die Plane zu setzen. Häufig testen die Pferde dann die Bodenbeschaffenheit, indem sie mit dem Huf auf die Plane hauen. Ein morastiger Untergrund würde dem Pferdegewicht nicht standhalten. Viele Pferde trauen sich schnell zu, die Plane ganz zu überqueren. Andere brauchen mehr Zeit. Sie verlieren ihre Angst, wenn sie sehen, dass ihre mutigen Pferdekollegen locker über die Plane marschieren. Auch, dass du selbst über die Plane gehst und dein Pony neben dir auf dem Gras, ist ein sinnvoller Zwischenschritt.

Zwischen zwei hochgehaltenen Planen oder unter einer zusammengerollten Planenwurst hindurchzugehen sind weitere Plastikübungen für mutige Pferde.

▶ **Tipp:** Mehr über Pferdehufe steht auf Seite 20.

◀ „Jetzt müssen wir wohl durch einen Wald. Die Zweige hängen so tief, dass du dich ducken musst, und ich führe Trajan um die Bäume herum."

▲ Bevor die drei aufs Pferd steigen, haben sie sich schon am Boden mit Geschicklichkeitsspielen aufgewärmt. Das lockert auch die Lachmuskeln!

Wilde Spiele, sanfte Regeln

Und zu Hause wird weitergespielt …

Reiterspiele mit Pferden an der Hand peppen den Anfang oder das Ende einer Reitstunde auf.

Slalom um Hütchen, Tonnen oder Hindernisständer sind, genau wie Eierlaufen oder Wasserschöpfen, lustige Mannschaftsspiele, die gut im Schritt oder im Trab funktionieren. Am wildesten geht es bei den Mounted Games zu, Geschicklichkeitsspielen für Reiter, die im vollen Galopp auf- und abspringen und dabei noch Hütchen von einem Ständer zum nächsten bringen oder Stafetten übergeben können.

Schrittrennen sind eine weniger turbulente Möglichkeit, ähnliche Aufgaben wie bei den Mounted Games zu bewältigen. Antraben gibt Punktabzug!

Bei vielen Spielen ist die Fantasie deines Reitlehrers gefragt, denn in fast jede Dressurübung lassen sich Spielideen einbauen, die die Fantasie anregen und die Übung plötzlich in ganz anderem Licht erscheinen lassen.

Bei der „Brieftaube" oder dem geführten Reiten ohne

Spaß für alle!

Auch das Pony soll beim Spielen Spaß haben. Deshalb besser mit Halfter, Führstrick und Gerte führen, statt mit Trense. Wenn man im Eifer des Gefechts mal etwas doller zieht, tut das dem Pony nicht im Maul weh!

Besonders grob wirken die Trensensignale, wenn man einen Führstrick in den Trensenring einhängt. Wenn Trense, dann mit Zügel führen. Der Führstrick gehört ans Halfter!

Sattel kann sich einer der Beteiligten ähnlich wie Rosa oben im Bild überlegen, in welcher Situation ihr gerade seid. Flüchtet ihr in einem fernen Land vor Zauberern oder wilden Tieren? Seid ihr selbst Zauberer? Wollt ihr ein entlaufenes Pferd retten, einen Schatz finden oder ein Geheimnis ergründen?

▲ Henry erobert Bodenhindernisse mit viel Elan. Er hat schnell gelernt, auf ein Podest zu steigen. Vorsicht! Immer nach hinten absteigen lassen und aufpassen, dass die Kiste nicht kippt.

▲ Während Malte Aron und Sally sicher durch den Hütchenslalom lenkt, fühlt Ina sich hinten auf der Kutsche so königlich wie eine Prinzessin!

Hütchen

Geschicklichkeit

Etwas ruhiger geht es bei Geschicklichkeitsaufgaben oder Rollenspielen zu. Die Geschicklichkeitsspieler balancieren abwechselnd auf Cavaletti, während ihre Ponys gesittet stillstehen, die Kinder hüpfen auf einem Bein um Hindernisständer oder müssen auf allen vieren über Plastikfolien. Manchmal muss ein voller Wassereimer oder ein Mensch in einer Schubkarre von einem Ort zum anderen transportiert werden. Oder ein Tennisball darf nicht vom Löffel rollen.

Zu allen Aufgaben der Geschicklichkeits- oder Rollenspiele kann man sich eine spannende Geschichte ausdenken, in der Indianer, Tierschützer, Bösewichte und Helden mitmachen.

Bei allen Spielen sollte es pferdefreundlich zugehen!

◀ Auch zu zweit oder zu dritt kann man sich tolle Spiele mit Pferden ausdenken und abwechselnd reiten. Hier führt ein blinder Führer durch Hindernisse. Der Reiter lotst ihn.

▶ **Tipp:** Mehr über Reiterspiele steht auf S. 52.

Reiterspiele

Gelassenheit trainieren

Die klassische geführte Gelassenheitsprüfung besteht aus zwei unterschiedlichen Aufgabenstellungen mit zehn Hindernissen.

Die Prüfung bietet einen festen Rahmen für Veranstalter, die gerne mal etwas „Neues" in ihr Turnierprogramm aufnehmen wollen, aber keine Ideen haben, wie man das bewerkstelligen könnte.

Vorbereitung

Auch für die Gelassenheitsprüfung sollte man üben und sein Pony schrittweise an die einzelnen Hindernisse heranführen.

Das Überqueren einer Plastikplane und das ruhige Stehenbleiben in fremdem Gelände könnte zum Beispiel ohne vorheriges Üben wirklich schwierig sein. Zerlegt man beide Aufgaben in kleine Schritte, kann das Pony sie leichter bewältigen.

Gut gelaunt und ganz gelassen

Wer die Nervenstärke seines Ponys bereits genügend trainiert hat, den reizt es vielleicht, einmal an einer Gelassenheitsprüfung teilzunehmen. Neben besonders mutigen Ponys und Pferden trifft man hier auch auf solche, die für den üblichen Turniersport zu alt, zu wenig gangstark oder springgewaltig sind.

Auch Reiter, die aus ihren Ponys „herausgewachsen" sind, freuen sich häufig darüber, mit ihnen zumindest noch an Gelassenheitsprüfungen teilnehmen zu können.

Ralleys und Geschicklichkeitsturniere

Der Verband der Freizeitreiter bietet genau wie manche Reitvereine oder Stallgemeinschaften Reiterralleys, Geschicklichkeitsturniere oder andere Wettbewerbe an, die auf alle Fälle eine spannende Abwechslung vom üblichen Turniersport sind. Hier können viele Prüfungen auch an der Hand bewältigt werden.

Für junge Pferde und Ponys, die noch nie auf einem Turnier gestartet sind, ist eine Breitensportveranstaltung eine ideale Gelegenheit, sich an den Rummel aus Pferdehängern, fremden Pferden, aufgeregten Menschen und fremden Gelände zu gewöhnen.

Landesbreitensportturnier Bad Segeberg

Seit 1995 veranstaltet der Pferdesportverband Schleswig-Holstein das Landesbreitensportturnier in Bad Segeberg. Mehr als ein Dutzend Verbände und etwa 1000 Teilnehmer nehmen mit ihren Pferden an einem abwechslungsreichen Programm teil, an Prüfungen für alte oder junge Pferde, an Gelassenheits-, Western-, Führzügel- oder Quadrilleprüfungen. Mounted Games, Ringreiten, Gangpferdereiten und Gespannfahren sorgen für ein buntes Bild.

Die Stimmung ist überwiegend entspannt und heiter, die Wettkämpfe sind sportlich, aber frei. Das Landesbreitensportturnier ist ein einmaliges Ereignis und in seiner Vielfalt und Größe in Deutschland einzigartig. Dennoch werden überall im Land Ralleys oder andere breitensportlich ausgerichtete Veranstaltungen angeboten.

Auch der Verein der Freizeitreiter (VFD) ist für seine gut organisierten regionalen Freizeitreiterturniere bekannt. Vielleicht sind hier oder da auch Prüfungen im Programm, die sich für dich und dein Pony eignen!

◀ Finja longiert Katinka mit Kappzaum, Sattel, Dreieckszügeln und Peitsche. Außerdem trägt sie feste Schuhe und meistens auch Handschuhe.

◀ Malte liebt die Herausforderung. Geduldig hat er trainiert, auch im Trab solide und beweglich auf dem Rücken der beiden Haflingerstuten zu stehen, die longiert werden. Das war gar nicht so einfach!

Longieren mit Köpfchen!

Manche Reiter longieren ihre Pferde vor dem Reiten im Trab und Galopp, damit die Pferde beim Reiten ruhiger sind. Die Pferde sind dann häufig noch gar nicht richtig aufgewärmt, toben sich aber schon an der Longe aus. Das ist gefährlich. Schnellere Gangarten auf dem kleinen Longierzirkel belasten die Sehnen und Gelenke des Pferdes.

Richtiges Longieren ist anderseits auch eine sinnvolle Methode. Beim Longieren trägt das Pferd am besten einen Kappzaum. Die Longe wird im Kappzaum eingehängt. Das schont das empfindliche Pferdemaul. Eine lange Longenpeitsche wirkt ebenso treibend oder verlangsamend wie die richtige Körpersprache des Longenführers.

Pferde achten auf die Körpersprache anderer Pferde und auch auf deine Körpersprache beim Longieren. Stehst du zu weit vor der Pferdeschulter deines Ponys, bremst du es ab, obwohl du vielleicht gerade wolltest, dass es antrabt. Nimmst du die Longierpeitsche hoch, schaust auf seine Hinterhand und wirkst energisch, trabt es vielleicht weiter, obwohl du ihm gerade gesagt hast, dass es Schritt gehen soll.

▲ Greta steht in neutraler Position. Ihre Körpersprache sagt Kimberly, dass sie nicht schneller werden soll, die Peitsche ist abgesenkt.

Richtig Longieren macht geschmeidig

In den ersten zehn Minuten geht ein Pferd beim richtigen Longieren nur Schritt. Dabei lässt man das Pferd immer mal die Richtung wechseln, sodass es am Ende gleich lang rechts- und linksherum gegangen ist. In der Reitersprache nennt man die Richtung im Uhrzeigersinn „rechte Hand". Die meisten Pferde laufen am liebsten links herum.

▶ „Wir rahmen Kimberly ein. Mit ihr zusammen bilden wir ein Dreieck", erklärt Ingrid Klimke. Es ist wichtig, beim Longieren nicht zu weit vor das Pony zu gelangen, sonst wirkt man bremsend.

◀ Obwohl Greta schon gut reitet, sind Sitzübungen an der Longe auch für sie eine tolle Möglichkeit, locker und beweglich zu werden und dabei Spaß zu haben.

▼ Hier ist das Dreieck aus Pony, Longe, Mensch und Longierpeitsche gut zu erkennen. Ingrid und Greta wirken treibend, da sie den Bauchnabel auf die Hinterhand von Kimberly gerichtet haben.

Man fängt mit ihrer Lieblingsrichtung an und wechselt dann zu der Hand, die ihnen schwerer fällt.
Erst nach der Schrittphase longiert man auch im Trab. Wieder wechselt man häufig die Hand.

Nach weiteren acht bis zehn Minuten lässt man das Pferd noch einmal einige Minuten lang Schritt gehen. Viel länger als 20 Minuten sollte die Arbeit an der Longe jedoch nicht dauern.

Gut für Jungpferde und Reitanfänger

Junge Pferde werden an der Longe an neue Kommandos und Situationen gewöhnt. Pferde, die lange krank waren oder sich steif oder schief bewegen, werden an der Longe geschmeidiger und trainieren ihre Kondition und die Muskulatur. Voltigierpferde drehen an der Longe Runde um Runde im Galopp. Für dich kann das Longieren eine weitere Möglichkeit sein, dich und dein Pony gut aufeinander einzustimmten.

In guten Reitschulen lernen auch Reitanfänger zuerst die Longe kennen, bevor sie allein reiten. Auf einem ruhigen Longenpferd machen sie sich einige Stunden lang mit den Bewegungsabläufen in Schritt, Trab und Galopp vertraut, lernen Leichttraben und die Anfänge der Hilfengebung.

Während der Reitlehrer sich darum kümmert, dass das Pferd in der richtigen Gangart im Kreis läuft, kommt der Reitschüler von Stunde zu Stunde mehr ins Gleichgewicht. Wenn er dann endlich allein reiten darf, ist die Gefahr, dass er sich im Trab an den Zügeln festhält, nicht mehr so groß. Auch erfahrene Reiter lassen sich zur Sitzschulung häufig longieren.

▶ **Tipp:** Was Leichttraben ist, steht auf S. 111.

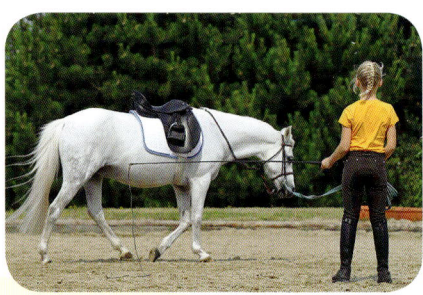

▼ Kimberly im Schritt. Mit der Longierpeitsche sorgt Greta dafür, dass das Pony schön außen bleibt. Die Longe hängt ein wenig durch. Das ist gut, denn schon das Gewicht der Longe …

Aufwärmen an der Longe

Als Vorübung zum Longieren ist der „Anmutige Gepard" eine gute Übung. Das Pony lernt dabei, Abstand zum Menschen zu halten und nicht nach innen zu drängeln. Aus diesem Abstand heraus lässt sich das Longieren gut vorbereiten. Das Antreten und Anhalten solltest du auch schon auf Abstand geübt haben.

Gelenke schonen

Auch wenn viele Menschen ihre Pferde an der Longe regelrecht vorwärts jagen, übt man anfangs am besten nur im Schritt. Das schont die Gelenke des Pferdes. Erst wenn das Longieren im Schritt gut klappt, kann man das Pferd nach mindestens zehn Minuten auch traben lassen.

Körpersprache mit dem Bauchnabeltrick

Um das Pferd nach außen zu schicken, es dort zu halten und um das Tempo des Pferdes zu beeinflussen, hilft der Bauchnabeltrick. Stell dir dabei vor, direkt aus dem Bauchnabel einen Lichtstrahl zum Pferd zu schicken. Dieser Lichtstrahl wirkt unterschiedlich, je nachdem, wo er auftrifft.

Longieren gegen Rückenschmerzen

Katinka nahm eine Zeit lang beim Antraben immer den Kopf hoch, buckelte im Gelände und war auch beim Putzen rückenempfindlich. Deswegen haben meine Schwester Lisa und ich sie fast jeden Tag mit Dreieckszügeln longiert. Geritten sind wir in dieser Zeit gar nicht. Mit der Zeit hat Katinka sich anders bewegt, aufgehört zu buckeln und mehr Muskeln bekommen. Mir macht Longieren immer noch Spaß.

Trifft er das Hinterteil des Pferdes, beschleunigt er das Pferd. Trifft er dagegen den Kopf, wirkt er bremsend. Der unsichtbare Lichtstrahl ist einfach ein Hilfsmittel, das dich immer wieder in die richtige Körperposition zum Pferd bringt. Oft klappt das Longieren nämlich deswegen nicht, weil wir das Pferd durch unsere Körpersprache abbremsen oder verwirren.

Deine Blickrichtung, dein Arm mit der Longierpeitsche als Verlängerung und deine Atmung verstärken den Lichtstrahl des Bauchnabels in seiner Wirkung.

▼ … übt Zug am Gebiss aus. Außer beim Übergang in eine niedrigere Gangart darf die Longe daher immer ein wenig „schlapp" durchhängen.

▲ Greta richtet ihren Bauchnabel wieder mehr auf die Hinterhand des Ponys, damit Kimberly fleißig weitergeht. Die Longierpeitsche hat sie zum Treiben etwas angehoben.

„Und Scheeeritt!"

Und natürlich darfst du auch mit dem Pferd reden! Allerdings hören Pferde weniger auf unsere Worte, als auf das, was unser Körper ihnen erzählt.

Um das Pferd auf die Zirkellinie zu bringen, wählst du anfangs am besten die Lieblingsrichtung des Pferdes. Meist ist das die linke Hand.

Trab an der Longe

Nachdem man in den ersten zehn Minuten mehrere Handwechsel und Tempowechsel innerhalb des Schritts geübt hat, kann die Trabarbeit beginnen. Während der Zirkel im Schritt etwas kleiner sein darf, soll er im Trab wirklich die ganze Zirkelgröße einnehmen.

Zum Antraben richtet man seinen Lichtstrahl auf die Hinterhand des Pferdes, hebt die Longierpeitsche an und benutzt das Wortkommando: „Und Terrrab!".
Ziel ist es, dass das Pferd einige Trabrunden locker und gleichmäßig mit freiwillig gesenktem Kopf läuft.

Danach pariert man wieder in den Schritt durch und wechselt die Hand. Auch hier lässt man das Pferd einige

Lautlose Sprache

Diese Koniks haben alles im Blick, obwohl sie in Spiellaune sind. Der hinten aufschließende Hengst ganz rechts wird sie gleich weiter treiben.

entspannte Runden im lockeren Arbeitstrab laufen und pariert dann durch. Nach erneutem Handwechsel kann man das Pferd nach jeweils zwei oder drei Trabrunden in den Schritt durchparieren und nach einer halben Runde Schritt wieder antraben lassen.

▶ **Tipp:** Der Anmutige Gepard wird auf S. 38 erklärt, der Arbeitstrab auf S. 110.

◄ Zum Anhalten senkt Greta die Longierpeitsche und die Longe. Bei erfahrenen Ponys genügen diese Zeichen zusammen mit einem „Und Scheeriiitt" und sie halten an.

▼ Zum Anhalten richtet Greta ihren Bauchnabel auf Kimberlys Nase. Jetzt darf die Longe für Momente gefühlvoll angenommen werden, genau wie die Zügel bei einer Parade zum Halten.

Deine Ausstrahlung zählt!

Zum Anhalten drehst du deinen Bauchnabel so, dass du den unsichtbaren Lichtstrahl wie eine Schranke vor die Nase des Pferdes schicken kannst.

Das Stimmkommando: „Und Haaalt", sollte tief und beruhigend klingen. Um die Wirkung des Lichtstrahls zu verstärken, führst du die Longierpeitsche unter der Longe hindurch und hebst sie vor dem Pferd an.

Bei erfahrenen Pferden ist das nicht nötig. Sie reagieren auf ein leichtes Absenken der Longierpeitsche und werden langsamer. Kommen Stimmkommando und Lichtstrahl hinzu, bleiben sie stehen.

Die Statue und der Appell

Steht das Pferd, kann man es ruhig einige Zeit stehen lassen. Diese Übung nennt man „Statue". Sie macht ungeduldige Pferde geduldig. Man muss allerdings genau aufpassen, wie lange man das Pferd stehen lässt. Am besten schickt man es wieder los, bevor es hibbelig wird.

Ungeübte Pferde können anfangs nur wenige Sekunden lang stehen. Mit der Zeit werden aus diesen Sekunden längere Momente und am Ende sogar Minuten. Die Übung „Statue" trainiert also nicht nur das Pferd, sondern auch unsere eigene Geduld! Später kann man diese Übung gut in der Freiarbeit gebrauchen. Aber Vorsicht: Benutze für das normale Anhalten auf dem Zirkel ein anderes Kommando („Halt") als für das Hereinrufen („Komm, Kimberly"), damit dein Pony nicht nach jedem Anhalten zu dir läuft.

Während das Pferd steht, kannst du auch zu ihm hingehen und es abstreichen oder massieren. Dabei muss die Longe in Schlaufen gelegt werden.

Oder du rufst das Pferd zu dir. In der Zirkusarbeit nennt man das Hereinholen des Pferdes „Appell". Damit das Pferd den Appell lernt, hält man es erst an, ruft dann seinen Namen und zupft es an der Longe zu sich. Auch dabei legt man die Longe in Schlaufen.

▲ Kimberly wartet brav ab, bis Greta die Longe in Schlaufen gelegt hat. Das klappt doch schon richtig prima!

▼ Greta lobt Kimmi. Auch ein erfahrenes Pony wie sie freut sich über positive Rückmeldung.

Wichtig: die Körpersprache

Bei der Longenarbeit ist die Körpersprache des Menschen sehr wichtig. Das Pferd beobachtet uns genau! Wenn du also zu ihm gehst, während es im Longenzirkel steht, solltest du nicht zu energisch wirken.

Am besten gehst du auf seinen Kopf zu und richtest den Bauchnabel mit dem Lichtstrahl vor die Pferdenase. Die Longierpeitsche zeigt dabei vom Pferd weg, also nach hinten. Möchtest du dagegen, dass das Pferd auf dich zukommt, kannst du dich ein bisschen kleiner machen oder sogar ein paar Schritte rückwärts gehen.

Kommt das Pferd dagegen unaufgefordert auf dich zu, richtest du dich auf, nimmst die Schultern zurück, atmest tief ein und gehst energisch auf das Pferd zu.

Zirkusvokabeln

Eine **Statue** ist eine vom Bildhauer geschaffene Skulptur von einem Menschen oder einem Tier. Die Statue kann man auch mit Pferden üben, die sich nicht gern anbinden lassen (S. 12) oder die alles ins Maul nehmen (S. 38).
Appell ist Lateinisch und bedeutet auffordern oder anreden. Im Pferdezirkus ist der Appell das Hereinrufen des Pferdes in die Zirkelmitte.

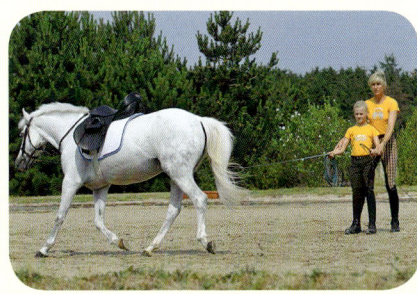

▲ Ingrid erklärt Greta die richtige Körpersprache beim Longieren.

◄ Beim Longieren mit der Trense muss Greta die Longe beim Richtungswechsel umschnallen. Dazu muss sie Kimberly anhalten.

▲ Greta vergisst nicht, Kimberly für das brave Warten zu loben. Nun kann sie die Hand wechseln oder die Statue oder den Appell üben.

Einfach oder trickreich wenden

Es gibt verschiedene Möglichkeiten, das Pony an der Longe die Richtung wechseln zu lassen. Welche dieser Möglichkeiten man wählt, hängt auch davon ab, wie das Pony reagiert und wie geübt man im Longieren ist.

Am einfachsten ist es, das Pony anhalten zu lassen, sich auf seine andere Seite zu stellen und es in die andere Richtung zu schicken. Man kann es aber auch mit einer Vorhandwendung die Seite wechseln lassen.

Oder man macht den Richtungswechsel im Schritt. Das Pony geht dabei auf der Hufschlagsfigur „Durch den Zirkel wechseln". Dazu muss es zuerst auf den Longenführer zugehen. Während man die Longe in Schlaufen aufnimmt, die Peitsche in die andere Hand wechselt und zur Seite tritt, ist es wichtig, den Bauchnabel auf die Hinterhand des Ponys zu richten. Ist das Pony auf der Wechsellinie nach außen zum Zirkel hin, gibt man die Longenschlaufen frei, damit es genug Kopffreiheit hat.

Am besten übt man erst einmal mit einem Menschen. Der kann einem nämlich genau sagen, was sich gut anfühlt und was noch nicht so gut klappt. Danach ist es sinnvoll, mit einem Pony zu üben, das sich gut longieren lässt.

Den Schritt verbessern

Außer Anhalten, Vorhandwendung und Richtungswechseln kann man in der zehnminütigen Schrittphase auch den Schritt selbst üben. Wie bewegt sich das Pferd? Schlurft es eher oder macht es kleine, schnelle Schritte? Schlurfende Ponys dürfen sich ruhig etwas energischer bewegen.

Zum Treiben richtet sich der Longenführer selbst mehr auf, schickt einen Lichtstrahl zur Hinterhand, benutzt die Wortkommandos „Fleißig" oder „Weiter" und hebt die Longierpeitsche etwas an. Das Pony soll jedoch

Die Lieblings-Longierseite

Katinka lief in den ersten Wochen nicht so gerne rechtsherum an der Longe und ist dann gerne nach innen zu mir gekommen. Damit das aufhörte, habe ich an ihren „Lieblingsreinlaufstellen" Stangen zur Zirkelbegrenzung hingelegt und die Hand mit der Longenpeitsche höher gehalten. Außerdem habe ich darauf geachtet, dass ich beim Longieren nicht zu weit nach vorne kam und sie immer ganz doll gelobt habe, wenn sie brav auf dem Hufschlag geblieben ist.

▼ Wenn man mit Kappzaum longiert, kann man die Richtung ändern, indem man das Pony im Schritt durch den Zirkel wechseln lässt. Am besten übst du das erst einmal mit einer Freundin statt mit einem Pferd.

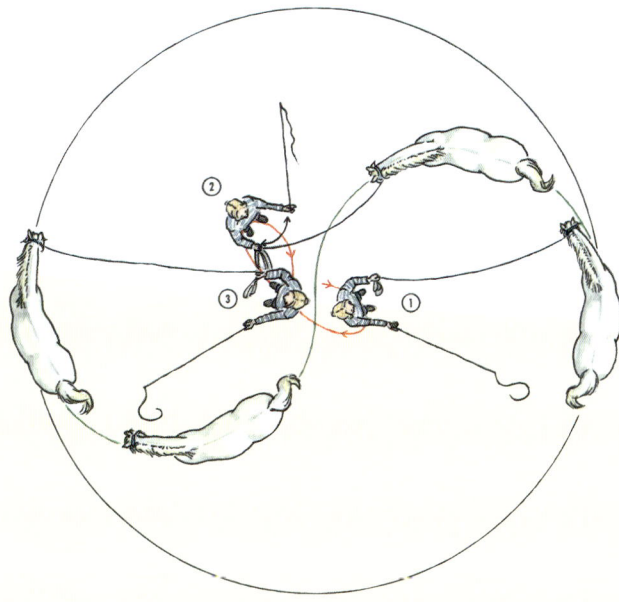

▲ Kimberly galoppiert locker an der Longe. Übe den Galopp an der Longe zunächst mit einem longiererfahrenen Erwachsenen, der dir zeigt, wie du gefühlvoll angaloppieren und durchparieren kannst.

▲ Vor dem Angaloppieren nimmt Greta die Longe kurz an, wie sie es auch beim Reiten machen würde. Es bedeutet: „Pass auf, gleich passiert etwas Neues." Kimberly hat sich im Trab schon schön gelöst.

nicht antraben. Die Geschwindigkeit innerhalb einer Gangart zu verändern, erfordert Fingerspitzengefühl!

Soll das Pony wieder langsamer werden, lässt man die Peitsche absinken, schickt seinen Lichtstrahl eher zur Vorhand des Pferdes und benutzt das Wortkommando „Ruuuuhiger".

Trab und Galopp

Hektische Pferde lässt man zwischendurch etwas länger Schritt gehen oder kurz anhalten. Faule Pferde lässt man etwas kürzer Schritt gehen. Auch innerhalb des Trabs kann man das Tempo verändern. Wenngleich jedes Pony oder Pferd ein anderes Grundtempo hat, ist der Arbeitstrab nicht so schnell wie der Mitteltrab. Der versammelte Trab oder der Jog der Westernpferde ist dagegen viel langsamer als der Arbeitstrab. Während der Trabphase kann man zwei oder drei Hand- oder Richtungswechsel einbauen. Den Galopp an der Longe sollte man nur mit gut gerittenen und erfahrenen Ponys und Pferden üben, die sich leicht durchparieren lassen. Die Gefahr, dass es im Galopp zu unschönem Geziehe, schief rennenden Pferden und Stress für alle Beteiligten kommt, ist groß.

Weitere Übungsvorschläge: Volten im Schritt und im Trab, Rückwärts, Appell, Bodenstangen, Plastik.

▶ **Tipp:** Mehr über den Trab erfährst du auf S. 110, Richtungswechsel in der Freiarbeit findest du auf S. 65, Vorhandwendung beim Reiten auf S. 107.

◀ Mit gesenkter Gerte geht Clara rückwärts. Sunny beobachtet sie aufmerksam: „Darf ich näher kommen?"

▲ Achtung, hier bitte anhalten! Claras Körperhaltung ist eindeutig, Sunny bleibt respektvoll stehen und dreht den Kopf ein wenig zur Seite. Die beiden führen ein intensives Gespräch!

Freies Training

Bodenarbeit muss nicht unbedingt an einem Führseil oder an der Longe gemacht werden. Man kann auch frei mit dem Pony arbeiten, oder sogar mit mehreren Ponys oder Pferden gleichzeitig. Viele Menschen sind von dieser Art der Arbeit mit dem Pony oder Pferd fasziniert. Mensch und Pferd scheinen zu einer Einheit zu verschmelzen und die Pferde haben eine besonders stolze, lebendige und kraftvolle Ausstrahlung.

Freie Arbeit eignet sich für sämtliche Zirkuslektionen wie die Statue oder den Appell und fürs freie Longieren. Sie vertieft das gegenseitige Vertrauen und Verstehen.

Man kann sie in der Halle, auf der Weide oder wenn es sich um Übungen im Stehen handelt, notfalls sogar in der Box machen. Ein Longierzirkel, ein gut eingezäunter Platz oder ein abgetrenntes Stück Wiese sind sicherlich am vielseitigsten nutzbar. Der Vorteil größerer Flächen ist, dass sie den Menschen dazu zwingen, seine Arbeit mit dem Pony so interessant und spannend zu gestalten, dass es freiwillig bei ihm bleibt.

Die meisten Ponys und Pferde sind von pferdefreundlicher Freiarbeit begeistert.

Sie scheinen bei dieser tollen Abwechslung zum Alltag richtig wach zu werden. Wir Menschen lernen, unsere Pferde und uns selbst genau zu beobachten und auf kleinste Zeichen zu achten – auf unsere eigenen und die unserer Ponys. Und wenn ein Pony auf der Weide frei auf dich zugaloppiert, weil du es rufst (Appell), sich ohne Zaumzeug verbeugt, auf dein Zeichen einen Huf hebt oder sich dir nach der Freiarbeit anschließt, kannst du mit Recht stolz sein.

Was du brauchst

Das Pony trägt bei der Freiarbeit meist ein Halfter. Als Mensch haben wir einen Strick, eine lange Gerte oder eine Longierpeitsche in der Hand, die wir als Verlängerung unseres Armes benutzen. Mit dieser Armverlängerung halten wir das Pony auf Abstand, halten es an, lassen es seitwärts drehen, wenden oder vorwärts- oder rückwärtsgehen.

▲ Damit Sunny zu ihr kommt, macht sie sich kleiner, senkt die Gerte und geht sogar etwas rückwärts.

▲ Clara macht sich groß, hebt die Peitsche an und Sunny reagiert sofort, indem sie angaloppiert. Die alte Dame ist nicht nur klug, sondern auch temperamentvoll.

Freiarbeit auf der Wiese

Zusammen mit meiner älteren Schwester sammle ich fast jeden Nachmittag die Wiese ab. Wir schmeißen aber nicht nur Pferdeäpfel in die Schubkarre. Zum Beispiel bringen wir den Ponys Kunststücke bei.
Sie können sich verbeugen, minutenlang stillstehen, bis wir ihnen sagen, dass sie nun wieder laufen dürfen. Sie kommen zu uns, wenn wir sie rufen, und heben die Beine an, auf die wir mit dem Finger zeigen.
So macht uns das Absammeln Spaß und den Pferden auch.

▼ „Komm herein, Sunnylein", signalisiert Clara mit ihrer Körpersprache. Die Peitsche ist abgesenkt und sie geht in einer entspannten Haltung rückwärts.

Für das freie Einüben von Zirkuslektionen empfiehlt es sich, eine Gürteltasche zu tragen, die mit Karottenstückchen oder Pferdeleckerlis gefüllt ist.

Bitte beachten!

Anfangs dauert Freiarbeit nicht länger als 15 Minuten. Länger ist die hohe Aufmerksamkeit und Konzentration weder vom Pferd noch vom Menschen durchzuhalten. In der Anfangsphase von mindestens fünf Minuten wird dabei im Schritt gearbeitet.

Vorsicht: Auch in der Freiarbeit solltest du nie von hinten ans Pferd gehen! Das Pferd kann dich nicht sehen und könnte sich erschrecken und ausschlagen.

◀ Sunny hat sich Clara und Ute angeschlossen. Sie folgt. Nun ja, sehr fröhlich sieht sie nicht dabei aus, aber Clara und Ute gehen auch einen sehr energischen Schritt. Manchmal folgen die Ponys den Menschen in der Freiarbeit, nachdem man sie angehalten hat.

▼ Energisch, aufgerichtet und mit angehobener Gerte treibt Clara Sunny nach außen. Ihren Bauchnabel richtet sie dabei auf Sunnys Hinterhand.

Das magische Dreieck

Genau wie bei der gewohnten Longenarbeit, so bildet man auch beim freien Longieren ein Dreieck mit dem Pferd. Die Seiten des Dreiecks sollten schön lang sein. Auf diese Weise hält man genug Abstand zum Pferd.

Gerade bei der Freiarbeit ist es wichtig, dass du deinen Freiraum schützt und auf Abstand achtest. Je nachdem, wohin du deinen Bauchnabel drehst, wirkst du treibend (Bauchnabel zur Hinterhand gedreht) oder bremsend (Bauchnabel zur Stirnlinie des Pferdes gedreht).

Manchmal musst du diese Position noch verstärken, indem du dich zum Abbremsen zum Beispiel deutlich vor den Pferdekopf drehst und deinen Arm mit dem Strick oder der Longierpeitsche zusätzlich vor den Pferdekopf hältst. Vielleicht hast du aber auch zu energisch und munter ausgesehen? Bei der Freiarbeit lässt sich dein Pony stark von deiner Energie beeinflussen und du kannst viel darüber erfahren, auf welche deiner Zeichen es reagiert.

Viel und wenig Energie

Freies Longieren bedeutet nicht, dass man ein Pferd im Kreis herumscheucht, bis es schweißnass ist. Man kann auch nur im Schritt arbeiten. Manche Ponys traben aber gern einige Runden um den Menschen herum.

Clara und die Pferdesprache

Ich interessiere mich sehr für die Pferdesprache. Ich finde es gut, dass wir darüber etwas gelernt haben. Bevor Sunny gebuckelt und mich abgeworfen hat, hat sie ein paar Mal den Kopf hoch genommen und geflehmt. Sie hat mir praktisch auf ihre Art gesagt, dass es ihr nicht gut geht, aber ich habe sie da leider noch nicht verstanden. Es ist wichtig, dass wir unseren Ponys zuhören, denn sie sprechen mit uns in ihrer Sprache! Mehr darüber steht auf S. 30.

◀ Clara hat Sunny angehalten und fordert sie nun auf, von der linken auf die rechte Hand zu wechseln. Sunny wendet mit dem Kopf zum Zaun, also nach außen.

▲ Wie an einem unsichtbaren Faden gezogen, folgt Sunny Claras Einladung, nach innen zu kommen. Dabei hat Clara nichts gesagt. Sie geht nur in einladender, friedlicher Körperhaltung rückwärts.

▶ Damit Sunny auf die rechte Hand wechselt, ist Clara einige Schritte auf sie zugegangen und hat die Gerte dabei auf Sunnys rechte Backe gerichtet.

Abstand halten!

Manche Ponys sind sehr anhänglich und halten keinen Abstand zum Menschen. Untereinander lernen sie jedoch sehr schnell, dass es höflich ist, erst einmal zu fragen, ob man erwünscht ist, bevor man jemandem auf die Pelle rückt. Kommt dir das Pony in der Freiarbeit zu nahe, kannst du es mit den gleichen Signalen, die du auch zum Vorwärtstreiben verwendest, auf Abstand halten. Also: groß machen, energisch auftreten, Gerte oder Seil als verlängerten Arm benutzen.

Zum Anhalten aus dem Schritt oder aus dem Trab heraus dreht man den Bauchnabel so, dass man einen Lichtstrahl vor den Pferdekopf schicken kann. Gleichzeitig atmet man aus, nimmt die Schultern nach vorne und sackt ein bisschen in sich zusammen.

Hält das Pferd an, dreht man sich ein wenig zur Seite. In der Sprache mancher Freiarbeiter heißt diese Bewegung weg vom Pferd „Energie wegnehmen".

Umgekehrt richtet man die Energie aufs Pferd, indem man den Bauchnabel hinter das Pferd zeigen lässt, sich groß macht, einatmet, einen energischen Schritt auf die Hinterhand des Pferdes zugeht und den verlängerten Arm auf das Pferd zu bewegt. Reicht das noch nicht aus, atmet man aus und noch einmal tiefer ein, geht laut und stampfender und aktiviert Seil oder Peitsche.
Auch hierbei dreht man sich sofort etwas zur Seite, wenn das Pferd auf die Signale reagiert. Damit bestätigt man sein Verhalten.

Wendungen

Auch in der Freiarbeit soll das Pony ab und zu die Hand wechseln. Meist wird es zuerst einmal linksherum laufen. Dabei zeigt seine linke Seite nach innen. Um es nach rechts wenden zu lassen, dreht man sich so, dass der Lichtstrahl aus dem Bauchnabel vor dem Pferd auftrifft.

Zur Verstärkung zeigt man mit dem verlängerten Arm in dieselbe Richtung, also vors Pferd. Das geht am besten, wenn man vor dem Signal zum Wenden die Longierpeitsche oder das Seil in die linke Hand nimmt.

Hat man alles richtig gemacht und das Pferd versteht, was man möchte, dreht es mit dem Kopf zum Zaun und wendet über die äußere Seite nach rechts. Nun muss man vielleicht noch ein bisschen treiben, damit es in Bewegung bleibt.

▶ **Tipp:** Handwechsel an der Longe findest du auf S. 60.

Reiten lernen

Reiten lernen fühlt sich an, als würde man mit Tanzpartnern, deren Sprache man nicht spricht, Kreistänze lernen. Die Schritte sind eigentlich ganz einfach und sehen leicht und spielerisch aus. Trotzdem kann man sich nie ganz sicher sein, was als Nächstes passiert, und versteht nicht genau, warum die anderen lachen.

Aber es gibt ja auch diese Momente, in denen die Verständigung zwischen dir und deinem Pferd mühelos und locker ist, fast als könne es deine Gedanken erahnen. Solche Momente sind für die meisten Reiter der Grund, sich überhaupt aufs Pferd zu schwingen.

Reiten lernen ist die Suche nach der Verbundenheit in der Bewegung mit einem vierbeinigen Partner. Um sich verbunden fühlen zu können, muss man sich in den anderen einfühlen und mit ihm verständigen können. So schwer ist das gar nicht!

◀ Levke trägt die komplette reiterliche Ausrüstung: Reithelm, Schutz- weste, Handschuhe, Reithose, Chapsletten, Stiefeletten. Sir Henry trägt Trense, Sattel, Gamaschen und eine schicke Satteldecke. Und dann sehen die beiden auch noch so energisch aus, und so, als hätten sie Spaß! Toll!

▶ Malte im weißen Turnierdress. Zur Turnierreithose trägt er ein weißes Hemd und weiße Handschuhe. Ein Plastron und ein Turnierjacket brauchte er hier nicht.

Ausrüstung: sinnvoll, stabil, chic

Auch wenn Reiter – wie alle Sportler – mit den Jahren herausgefunden haben, welche Kleidung sich am besten für ihren Sport eignet, muss man sich zum Reiten nicht neu einkleiden.

Reithelm

Eine gute Reitkappe ist allerdings von der ersten Stun- de an Pflicht, denn sie schützt den Kopf im Falle eines Sturzes. Reithelme werden genau wie Fahrrad- oder Skihelme auf ihre Sicherheit getestet und immer wie- der verbessert. Viele Reitlehrer sind der Meinung, dass auch ein guter Reiter immer mal wieder vom Pferd fällt. Manche Reitschulen bieten sogar Kurse an, in denen man das Fallen üben kann!

Stiefel oder Stiefeletten

Feste und robuste Schuhe sind ebenfalls ratsam, wenn man aufs Pferd steigt. Turnschuhe schützen und stützen den Fuß zu wenig. Viele Reiter tragen lieber Reitstiefe- letten als Stiefel.

Hosen

Reithosen gibt es in verschiedenen Varianten. Sie sollten vor allem gut sitzen, weder zu eng noch zu weit sein. Ob man sich für eine unten weit geschnittene Jodhpur- hose entscheidet oder ob man eine Stiefelhose wählt, ist Geschmackssache. In Hosen mit Ganzlederbesatz klebt man geradezu am Sattel, was im Gelände sicher ein Vorteil ist.

Schutzwesten

Schutzwesten sah man früher nur im Vielseitigkeits- sport. Sie schützen den Nacken-, Rücken- und Rippen- bereich des Reiters vor Sturzverletzungen. Der Nachteil vieler Schutzwesten ist, dass sie eine gewisse Unbeweg- lichkeit mit sich bringen.
Manche Pferde reagieren sehr empfindlich auf diesen starreren Sitz des Reiters. Schutzwesten aus dem Viel- seitigkeitssport sind zwar teuer, lassen sich aber sehr genau anpassen und ermöglichen dadurch einen beweg- licheren Sitz.

Im Spätherbst und Winter wird es früh dunkel. Um auch in der Dämmerung gut gesehen zu werden, tragen die Reiter auf dem Foto Sicherheitswesten, Reflexgamaschen, Helmlampen und Leuchtdecken.

▲ Clara trägt Helm und Sicherheitsweste. Im Falle eines Sturzes schützt die Weste ihren Rücken und die Rippenpartie. Claras Weste ist gut angepasst und behindert sie nicht beim Reiten.

▲ Hier kannst du die „Reitmoden" von Malte, Clara, Finja, Marcel und Rosa sehen. Reitstiefel, Stiefeletten, Chapsletten, Jodhpurhosen, Stiefelhosen. Hauptsache bequem!

Weg mit der Weste!

Als ich meinen jungen Haflinger zum ersten Mal mit Schutzweste ritt, fing er an, komisch zu laufen und zu buckeln. Es war das vierte oder fünfte Mal, dass er überhaupt geritten wurde. Davor hatte ich aber keine Schutzweste getragen. Ich hatte das Gefühl, dass er wegen der Weste buckelte.
Als ich sie ausgezogen hatte, saß ich anscheinend wieder viel lockerer – jedenfalls hörte er sofort auf, sich komisch zu benehmen, und gebuckelt hat er auch nicht mehr.

Handschuhe

Im Winter verzichten nur wenige Reiter auf wärmende Reithandschuhe. Auch im Sommer verhindern Reithandschuhe, dass man Blasen an den Fingern bekommt, wenn das Pony im Gelände dazu neigt, ab und zu seinen Kopf graswärts zu ziehen.

Gerten

Gerten erleichtern das Treiben. Junge Pferde verstehen zum Beispiel noch nicht, was das Reiterbein ihnen sagen will. Sie reagieren viel eher auf ein Antippen mit der Gerte. Die Gerte sollte nicht zu lang sein, damit sie nicht ständig treibend auf das Pferd wippt.

◀ Rosa weiß, dass Katinka rückenempfindlich ist, und passt gut auf, dass die Lammfelldecke glatt aufliegt. Sie hat sie schön weit hoch in die Kammer des Sattels gezogen.

▼ Clara legt Sunnys Sattel erst ein wenig nach vorne auf den Hals und zieht ihn dann in Fellrichtung nach hinten, bis er richtig liegt. Dann prüft sie nach, ob die Decke glatt liegt.

Satteln und Zäumen

Neben dem Halfter und dem Putzzeug gehören ein gut angepasster Sattel und eine ebensolche Trense zur Ausrüstung jedes Reitpferdes. Manche Sättel sehen traditionell anders aus als andere.

Islandpferde werden zum Beispiel mit flachen Islandpferdesätteln geritten, während Westernreiter in unterschiedlichen Westernsätteln sitzen.

Außerdem haben die Profis vieler Reitsportarten spezielle Sättel für ihre Disziplin entwickelt. Springsättel haben eine andere Form als Dressursättel, weil man über dem Sprung die Beine stärker anwinkeln muss als beim Dressurreiten. Vielseitigkeitssättel sollen sich für Dressur, Springen und fürs Gelände eignen.

Egal, welchen Sattel man bevorzugt oder in die Hand gedrückt bekommt, eines ist immer gleich. Der Sattel soll dem Reiter, aber vor allem dem Pferd wirklich passen!

Geduld – gut gegen Gurtzwang

Katinka hat eine Zeit lang beim Satteln gebissen, weil wir den Sattelgurt zu schnell festgezogen haben. Eine Woche lang haben wir den Sattel nur aufgelegt und sie dabei gefüttert und massiert.

Auch später haben wir sie beim Satteln immer gefüttert, damit sie das Satteln mit etwas Gutem verbindet. Außerdem haben wir uns viel Zeit genommen und den Gurt nur sehr vorsichtig fester geschnallt.

Inzwischen beißt sie fast gar nicht mehr, aber wir füttern sie trotzdem noch beim Satteln, gurten nur langsam nach und haben sie dabei immer im Auge.

◀ Clara gurtet den Sattel so an, dass er gerade eben nicht verrutscht. Nicht gleich bombenfest ziehen! Die Bügellänge passt, wenn Bügelriemen und Bügel so lang sind wie der ausgestreckte Arm.

Springsattel

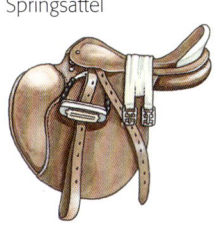

Dressursattel

▶ Springsättel haben nach vorn gezogene Pauschen, während Dressurreiter mit tiefem Knie und gestrecktem Sitz reiten. Der Westernsattel eignet sich nicht zum Springen, ist aber im Gelände sehr bequem.

Westernsattel

Vielseitigkeitssattel

▼ Sunny öffnet ihr Maul bereitwillig für die Trense. Clara streicht Sunnys Ohren vorsichtig unter den Genickriemen und achtet darauf, die Trense nicht über Sunnys Augen zu ziehen.

Aufsatteln

Das Befestigen des Sattels ist eine Gratwanderung. Nach dem ersten Angurten soll er zwar nicht unter den Bauch rutschen, andererseits darf er aber nicht zu fest angegurtet werden.

Am besten gurtet man im Laufe von mindestens fünf Minuten immer wieder links oder rechts ein bis zwei Löcher nach, während man das Pferd führt. Auch während der ersten Schrittphase im Sattel gurtet man noch mindestens ein Mal nach.

Die meisten Pferde pumpen sich auf, das heißt, sie tanken Luft auf Vorrat, damit die Menschen den Gurt nicht zu schnell festziehen können. Eine schlaue Vorsichtsmaßnahme! Sattel und Trense pflegt man mit Lederfett, damit sie geschmeidig bleiben. Eine Trense nach dem Einfetten wieder zusammenzubauen, ist gar nicht so einfach und eine beliebte Denksportaufgabe auf Ponyhöfen!

◀ Aron war zuerst ein wenig nervös, als er zur Aufstieghilfe gehen sollte. Malte hat ihn immer wieder herangeführt, bis er am Ende aufmerksam, aber ruhig stehen blieb.

▲ So dynamisch kommen die Mounted-Games-Reiter im vollen Galopp aufs Pferd.

So kommst du aufs Pferd

Hoch hinauf

Zum Aufsitzen, wie man das Aufsteigen in der Reitersprache auch nennt, benutzt man am besten eine Aufstiegshilfe. Auch wenn es immer noch als besonders sportlich gilt, vom Boden aus die höchsten Pferde zu erklimmen. Es ist inzwischen erwiesen, dass ständiges Aufsitzen vom Boden aus sowohl dem Pferderücken als auch dem Sattel schadet. Beide werden schief gezogen. Manchmal wird man aber nicht umhinkönnen, vom Boden aus aufzusitzen, zum Beispiel im Gelände, wenn gerade keine Bank oder kein großer Stein in der Nähe ist.

So geht's

Egal, ob vom Boden oder von einer Aufstiegshilfe aus, zum Aufsitzen nimmt man zuerst einmal die Zügel des Pferdes in die äußere, vom Pferd abgewandte Hand. Sitzt man von links auf, ist das die linke Hand. Die Zügel sollten gleich lang sein und anstehen, das heißt, sie hängen nicht durch, ziehen das Pferd aber auch nicht zusammen. Blickrichtung ist das rechte oder äußere Pferdeohr.

Die linke Hand mit dem Zügel fasst nun in die Mähne des Pferdes, der linke Fuß gleitet in den linken Steigbügel und die rechte Hand fasst möglichst weit über den Sattel hinüber nach vorne zur anderen Sattelseite und

Bitte keinen Zwischenstopp!

Beim Absitzen immer beide Füße aus den Bügeln nehmen, bevor du das rechte Fuß über den Sattel schwingst. Ein Zwischenstopp mit dem linken Fuß im Bügel, wie ihn manche Leute gern einlegen, ist belastend für Pferd und Sattel und nicht sicher für den Reiter.

hält sich dort fest. Nun ist man bestens vorbereitet, um sich mit dem nächsten Ausatmen leicht wie eine Vogelfeder in den Sattel zu schwingen und dort sachte Platz zu nehmen.
Die Blickrichtung bleibt dabei das rechte oder das äußere Pferdeohr. Sachte wie eine Feder Platz zu nehmen, bedeutet, sich nicht in den Sattel plumpsen zu lassen! Erst mit dem zweiten oder dritten Atemzug belastet man den Pferderücken ganz.

Nun hat man Zeit, den Sattelgurt noch einmal von oben nachzugurten, denn viele Pferde atmen erst aus, wenn ihr Reiter im Sattel sitzt. Das ist ihre Vorsichtsmaßnahme gegen zu schnelles Angurten.

▼ Auch beim Reiten ohne Sattel steigt Finja von der Aufstiegshilfe aus auf. Zusätzlich zum Zügel hat sie in Katinkas Mähne gefasst. Beim Aufsitzen schaut sie zu den Pferdeohren hin.

▲ Rosa hat den linken Bügel aufgenommen, mit beiden Händen vorn in den Sattel gefasst und sich auf Trajan geschwungen. Nun angelt sie sich den rechten Bügel.

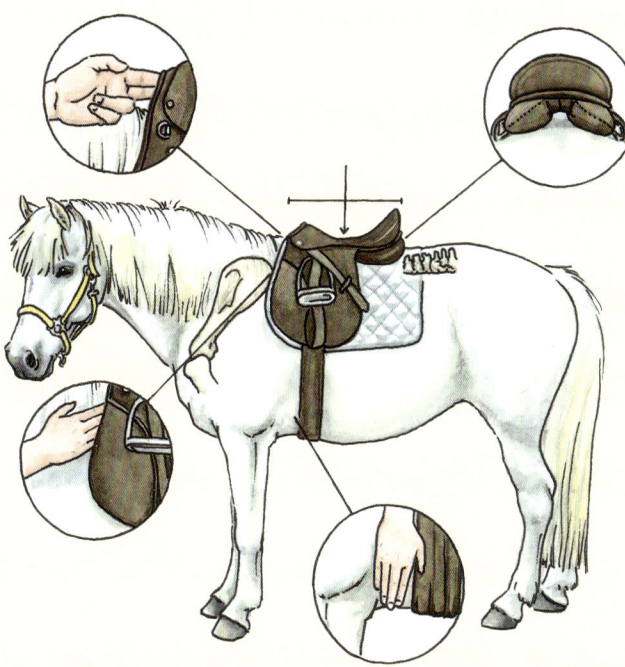

▲ Die wichtigsten Punkte des Sattelchecks: Mit Reiter im Sattel sollen vier Kinderfinger (= zwei Erwachsenenfinger) in die Sattelkammer über dem Widerrist passen. Der Sattel liegt flächig und waagerecht auf, ohne einzuzuegen. Der „Röntgenblick" auf die Wirbelsäule zeigt, dass hinter dem Sattel mindestens eine Handbreit Platz bis zum Hüfthöcker sein muss. Die flache Hand soll vorn zwischen Fell und Sattelblatt entlanggleiten können. Und zwischen Ellbogen und Sattelgurt muss eine Handbreite passen.

Sattelcheck

Wie findest du nun heraus, ob der Sattel deinem Pony passt? Wenn du mit der Hand unterm Sattelblatt entlangfährst, darf nichts zwicken oder klemmen. Zwischen der Sattelkammer und dem Widerrist sollten vier Finger deiner Hand locker Platz haben.

Wenn du eine Hand auf die Sattelkammer und eine auf den Sattelkranz legst und abwechselnd nach unten drückst, darf der Sattel nicht wippen, sondern muss ruhig aufliegen. Und wenn du von hinten zwischen den Sattelkissen hindurchschaust, sollte der Sattel überall gleichmäßig aufliegen. Der Sattel muss waagerecht und weder bergauf, noch bergab geneigt aufliegen. Der Sattelgurt soll eine Handbreit hinter dem Ellbogen liegen und der Sattel hinten nicht weiter als eine Handbreit vor dem Hüfthöcker reichen.

Frage außerdem mal den Reiter hinter dir, ob dein Sattel im Laufe der Reitstunde zu einer Seite verrutscht oder ob er sich in den Kurven auf die Wirbelsäule des Pferdes schiebt.

Es gilt: Vor dem Aufsitzen nachgurten, nach dem Absitzen Gurt lockern!

◀ Nur fliegen ist schöner!

▼ Springen macht Spaß! Es fühlt sich an wie ein riesiger Galoppsprung. Da braucht man schon etwas Übung und muss „richtig" und ausbalanciert sitzen. Levke und Sir Henry gelingen super Sprünge!

Richtig sitzen

Wie beim Fahrradfahren, so braucht man auch beim Reiten ein gutes Gleichgewicht. Denn wie beim Fahrradfahren ist man auch beim Reiten in Bewegung. Das Pferd fällt, anders als ein Fahrrad, zwar nicht um, wenn man sein Gleichgewicht nicht halten kann. Es gleicht die fehlende Balance seines Reiters aber mit jedem Schritt aus. Das ist anstrengend.

Und noch etwas unterscheidet Pferde von Fahrrädern. Sie haben nämlich auch eigene Ideen. So springen sie nach links, wenn sie rechts etwas Unheimliches entdecken, oder sie werden schneller oder bleiben plötzlich wie angewurzelt stehen. Um mit all diesen Bewegungen gut mitgehen zu können, brauchst du beim Reiten einen gut ausbalancierten Sitz.

Am Anfang kommst du vielleicht schon beim Antraben oder Angaloppieren ins Rutschen. Wenn du geübter bist, bringt dich ein abrupter Halt des Ponys oder ein Satz zur Seite aus dem Gleichgewicht – oder auch nicht.

Balance und Gewicht

Über den Sitz gibt man Signale ans Pferd. Im Laufe seiner Ausbildung hat es gelernt, diese Signale zu verstehen.

Legt man die Unterschenkel an, so bedeutet das fürs Pferd, schneller zu werden. Dreht man sich nach links, so bedeutet das fürs Pferd, nach links zu gehen. Drückt man die Knie an den Sattel, bremst dies das Pferd ab.

Normalerweise sitzt man entspannt, aber aufgerichtet im Sattel und schaut nach vorn. Schulter, Hüfte und Absatz liegen ungefähr auf einer Linie. Die Ellbogen sind angewinkelt, die Hände eine Handbreit über dem Widerrist.

Beim Springen und im schnellen Galopp hebt man das Gesäß aber aus dem Sattel heraus, beugt sich etwas nach vorn und stützt die Hände seitlich vom Mähnenkamm auf dem Hals ab. Diesen Sitz nennt man leichten Sitz.

Katinka macht einen Riesensatz über eine Bodenstange. Sie ist ziemlich unerfahren im Springen und kann nicht einschätzen, wie sie die Stange überwinden soll. Finja geht gut mit der Bewegung mit.

Der „Kartoffel-sack" ist eine gute Übung, um Schultern und Nacken zu entspannen und den Oberkörper ins Gleichgewicht zu bringen.

Malte sitzt aufrecht und entspannt im Schritt am langen Zügel. Er lenkt Aron nur mit Gewichts- und Schenkelhilfen. Aron ist aufmerksam und geht schön vorwärts.

Überkreuz

Viele Übungen helfen, das Gleichgewicht im Sattel zu finden oder zu verbessern. Viele dieser Übungen sind Überkreuzbewegungen. Manche helfen bei verspannten Schultern, oder wenn man den Oberkörper beim Reiten zu weit nach vorn oder nach hinten lehnt. Andere helfen, die Beine in die richtige Lage zu bringen, wenn man mit ihnen zum Beispiel klammert oder zu weit nach oben, hinten oder vorn rutscht.

„Reiten lernt man nur durch Reiten", dieser Spruch ist wahr und auch wieder nicht. Kampfsportarten, Waveboard- oder Skifahren, Pilates, Fußball und Ballett nützen dir auch als Reiter. Selbst Klavier- oder Geigenunterricht fördern deine Koordination und damit deine reiterlichen Fähigkeiten!

Tipp: Wie man ohne Zügel und fast nur mit dem Sitz lenken kann, siehst du auch beim Halsringreiten auf S. 86.

Rosa leitet eine Wendung nach links ein. Sie sitzt aufgerichtet und schaut nach links und auch ihr Pony ist nach links gebogen. Trajans Ohren sind höflich auf Rosa gerichtet, er hört ihr zu.

◀ Bevor du zum Zügel greifst, ist eine solche Übung zu zweit eine gute Sache. Stell dir vor, deine Hände wären das Pferdemaul. Wie fühlen sich die Zügelhilfen an?

▶ Hier siehst du den Grund dafür, warum du mit Zügeln immer sehr vorsichtig umgehen solltest. Die meist aus Metall bestehende Trense liegt direkt auf der Zunge deines Ponys, im empfindlichen Maul.

Die Zügel

Die Zügel kann man als eine Art Telefon zum Pferd betrachten. Das andere Ende der Verbindung befindet sich an einem Metallstück, dem Trensengebiss, im Maul des Pferdes. Jede noch so kleine Bewegung, die der Reiter im Sattel macht, überträgt sich über diese Verbindung zum sensiblen Pferdemaul.

Häufig bestehen Zügel aus Gurtmaterial. Damit diese eher harten Zügel nicht schmerzhaft durch die Hand rutschen, wenn das Pferd seinen Kopf nach unten ruckt, sind Lederquerstege am Gurt angebracht.

In den Händen

Die Trensenzügel laufen zwischen dem viertem und fünftem Finger in die Hand hinein und zwischen Daumen und Zeigefinger aus der Hand heraus. Der Daumen schließt sich dabei über dem Zügel und beide Daumen bilden ein Dach.
Damit die Hände und die Zügelführung sich fürs Pferd angenehm weich anfühlen, ist es wichtig, dass die Schultern locker, die Ellbogen angewinkelt und die Hände in einer Linie mit dem Unterarm sind.

Hingegebene Zügel

Die Länge der Zügel richtet sich nach dem Ausbildungsstand des Pferdes und danach, in welcher Phase der täglichen Reitstunde man sich gerade befindet.

Beim Warmreiten im Schritt sind die Zügel lang. Für die Lösungsphase am Anfang des Unterrichts fasst man die Zügel nach und hat sie nun so lang, dass sie gerade eben straff sind. Nach und nach werden die Zügel nun bei der allmählichen Biege- und Galopparbeit etwas kürzer genommen.

Allerdings legt man etwa alle zehn Minuten eine Schrittrunde ein, lässt die Zügel nach und nach lang und gibt dem Pferd die Möglichkeit, sich nach vorne zu dehnen. Auch nach einer besonders gelungenen Übung kann man auf diese Weise Danke zum Pferd sagen. Ge-

▲ Gretas Fäuste sind aufrecht hingestellt, die Daumen bilden ein Dach. Stell dir vor, die Zügel wären kleine Küken, die zwar nicht aus deinen Händen schlüpfen, aber auch nicht gequetscht werden sollen.

▲ Auf diesem Bild hat Greta eine Zügelbrücke gebildet, um ihre Hände zu stabilisieren. Bei unruhigen Händen, falscher Handhaltung, heftigen Pferden oder im leichten Sitz ist das eine gute Idee!

Längstmöglicher Zügel

Mein Reitlehrer Paul Stecken betont immer wieder, wie wichtig es ist, mit dem längstmöglichen Zügel zu reiten. Damit ist gemeint, dass man die Zügel nicht komplett lang lässt, sondern immer noch eine Verbindung zum Pferdemaul und die Kontrolle über das Genick des Pferdes behält.

legentliche „Dankesrunden" sorgen außerdem dafür, dass sich die Muskulatur des Pferdes erholt.

Nach so einer Runde fasst man die Zügel behutsam nach und geht die nächste Übung an. Eigentlich tut so eine Runde am langen Zügel nämlich nicht nur dem Pferd gut, sondern auch dem Reiter.

▶ **Tipp:** Mehr über die Lösungsphase erfährst du auf S. 94.

▲ Spiele, wie das Paar-Reiten mit Seilen, verbessern die Handhaltung beim Reiten. Marcel zeigt sehr schön, wie sein Unterarm und Ninis Zügel eine Linie bilden – ohne Knick. So soll es sein!

◀ Diese vorwärts treibende Hilfe ist relativ grob und fordert eine heftige Reaktion heraus, womöglich einen Tritt nach hinten. Als Reiter sollten wir feinere Hilfen geben!

▲ Die fünf Ponyreiter stimmen ihre Hilfen nicht nur auf ihre Pferde ab, sondern sie müssen auch Abstand und Tempo einhalten. In der Abteilung achten sie aufmerksam aufeinander. Sieh dir ihren Sitz an!

Hilfengebung

Die Signale, die das Pferd bekommt, schlüsselt es nicht extra nach Zügel-, Schenkel- oder Gewichtshilfen auf. Das Pferd versucht immer, die Bedeutung aller Hilfen gleichzeitig zu verstehen. Deswegen ist eines der wichtigsten Ziele des Reitlehrers, seinen Schülern zu vermitteln, wie man all diese Signale aufeinander abstimmt.

Ist der Reiter im Sattel noch etwas uneindeutig mit seinen Hilfen, so richtet das Pferd sich entweder nach der deutlichsten Hilfe oder nach der, die ihm gerade am sinnvollsten erscheint. Oder es macht überhaupt, was es möchte und was ihm leichtfällt.

Manchmal erklären Reitlehrer ihren Schülern scherzhaft, die Zügel seien die Bremse, die Beine das Gaspedal.

Bremsen

Es ist richtig, dass man zum Bremsen, also zum Durchparieren, die Zügel etwas annimmt und dabei die Ellbogen leicht nach hinten dehnt. Man drückt aber auch die Knie an den Sattel, sitzt etwas tiefer ein und atmet aus.

Zum Beschleunigen, also zum Treiben, legt man die Unterschenkel gefühlvoll an den Pferdebauch und drückt flächig nach oben, als wolle man den Pferdebauch anheben.

Das wiederholt man einige Male, bis das Pferd reagiert. Man geht dabei aber auch leicht mit der Hand nach vorne.

Reitersprache

- Durchparieren nennt man die Hilfen zum Langsamerwerden oder Anhalten des Pferdes.

- Treiben nennt man die Hilfe zum Schnellerwerden des Pferdes.

- Biegen nennt man das Reiten einer Kurve oder das Durchreiten von Ecken.

◀ Greta peilt im Galopp schon den nächsten Sprung an und gibt Kimberly durch ihre Körperhaltung die korrekten Hilfen. Das erfordert schon etwas Übung!

◀ Levke hat den kernigen Sir Henry sehr gut zum Halten durchpariert.

▲ Mehr Schwung im Trab: Finja treibt Katinka mit den Schenkeln an und gibt mit den Zügeln nach, damit ihre Stute die Tritte verlängert. Dabei schwingen die Hinterbeine weiter nach vorne.

▲ Marcel reitet mit Nini eine Volte. Schau dir an, wie er in der Wendung sitzt. Er guckt nach innen, dadurch kommt seine innere Schulter etwas nach hinten. Nini hört aufmerksam zu und biegt sich schön.

Biegen und Abwenden

Reitet man eine Kurve oder biegt man ab, dreht man sich im Sattel in die Richtung der Wendung. Links herum nimmt man zum Beispiel die linke Schulter ein wenig nach hinten, auch die linke Hand ist etwas näher am Bauch des Reiters als die rechte.

Das linke Reiterbein liegt dichter am Pferd. Das rechte Bein hat die Aufgabe, dafür zu sorgen, dass das Pferd sich auch wirklich biegt. Deswegen liegt es etwas weiter hinten als das linke.

Stimmhilfen

Auch wenn es in Prüfungen nicht erlaubt ist, haben viele Pferde gelernt, Wortsignale zu verstehen. „Scheeritt", „Teeerrab" und „Galopp", „Haaalt", „Priiima" oder „Suuuper" – das sind Worte, die jedes Pferd hoffentlich kennt.

Gerade lobende Worte kann man gar nicht genug benutzen. Jedenfalls, wenn sie angebracht sind. Und das sind sie doch sicher?

▶ **Tipp:** Wie man Wendungen reitet, steht auf S. 83.

◄ Schon die kleinsten Koniks machen gelenkige Übungen! Die Fortsetzung der Übungsreihe im Stehen folgt auf der übernächsten Seite.

▲ Greta schließt beim Longieren die Augen. Nun fühlen sich die Bewegungen anders und intensiver an. Wann geht das innere Hinterbein vor?

Sitzübungen

Die Gelegenheit, sich auf einem ruhigen Pferd oder Pony longieren zu lassen, sollte sich kein Reiter entgehen lassen. Nicht einmal ein Olympiareiter!

Zunächst kann man sich dabei in Ruhe auf die Bewegungen des Pferdes konzentrieren. Wie fühlt es sich an, wenn das äußere Vorderbein vorgeht? Und wie, wenn das äußere Hinterbein vorgeht? Mithilfe des Longenführers lernt man, wie sich diese Bewegungen für den eigenen Körper anfühlen. Später beim Alleinreiten spürt man dann leichter, wann man im Trab aufstehen oder in der Wendung das Bein anlegen soll.

Warmmachen

Die Longenstunde eignet sich aber auch sehr gut für verschiedene Sitzübungen.

Zum Warmwerden fasst man noch im Halten mit der linken Hand nach dem rechten Fuß und umgekehrt. Nach einigen Wiederholungen werden die Knie hochgezogen und der rechte Ellbogen zum linken Knie geführt und umgekehrt. Zumindest der erste Teil der Übung sorgt später im Schritt für echte Abwechslung!

Schultern lockern

Sitzt da jemand hinter mir? Die Schultern und Arme werden durch das Über-die-Schulter-Schauen nach links und rechts gelockert. Nimmt man die Arme mit in die Bewegung hinein, wird daraus das Ein- und Auswickeln.

Rücken und Beine

So richtig gemütlich im Schritt wird es, wenn man sich zusammenfallen lässt wie ein alter Müslisack. Als Müslisack kann man sich auch im Trab so richtig durchschütteln lassen. Zurück im Schritt wird aus dem Müslisack plötzlich eine Giraffe. Groß und anmutig folgt sie den Bewegungen des Pferdes. Zwei der langen Giraf-

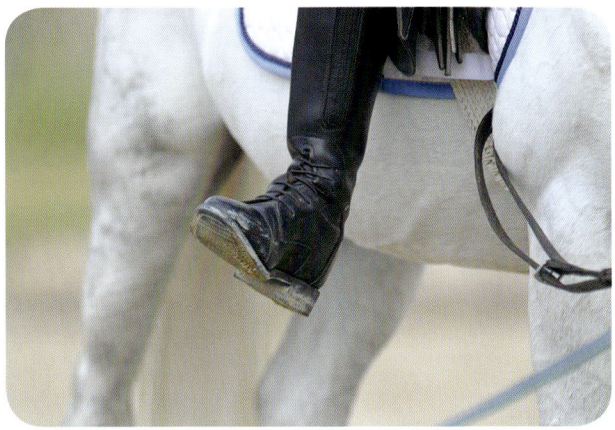

▲ Mit verschränkten Händen und ausgestreckten Armen nach links und rechts wenden und dabei den Händen hinterherschauen – mindestens so anspruchsvoll wie das Kreisen der Füße!

▼ Greta fährt Fahrrad auf dem Pferd – das ist ganz schön schwierig!

▲ Alle Bewegungen, bei denen du die Mittellinie deines Körpers mit Händen oder Beinen überkreuzt, eignen sich super zum Aufwärmen.

fenbeine laufen eine Zeit lang als fünftes und sechstes Pferdebein mit. Dann kreisen sie in Achten neben dem Pferd und verwandeln sich in Fahrradpedale, die vorwärts und rückwärts getreten werden.

Am Ende lockern einige Trabrunden im leichten Sitz noch einmal den ganzen Körper.

▲ Greta macht die Übung „Mühle", dreht sich also ein Mal im Sattel herum. Das geht nur auf ruhigen Pferden, die nicht empfindlich im Rücken sind.

◀ Dies ist eine Fohlen-Übung für Fortgeschrittene. Ein Neugeborenes schafft es in dieser Situation noch nicht, das Gleichgewicht zu halten.

▶ Die elfjährige Merle reitet auf der 21-jährigen Anglo-Araberstute perfekte Wendungen mit dem Halsring. Achte darauf, wie wenig sie den Halsring und wie deutlich sie ihren Körper einsetzt.

Balance und innere Mitte

Am sichersten sitzt man in seiner eigenen Mitte. Aber wie findet man diese Mitte auf einem vorwärts schaukelnden Pferd?

Die Sitzkorrekturen und viele Ratschläge oder Kommandos, die ein Reitlehrer gibt, sollen seinen Reitschülern den Weg zum Gleichgewicht und zur inneren Mitte erleichtern.

Sitzfehler übertreiben

Reitanfänger, die ihre Balance auf dem Pferd noch nicht gefunden haben, ziehen zum Beispiel häufig ihre Arme oder Beine hoch und kippen mit dem Oberkörper nach vorne oder nach hinten. Oder sie strecken die Arme gerade nach vorne. Oder sie sacken in sich zusammen, wenn ihnen die Kraft ausgeht.

Aus Rücksicht aufs Pferd sollte man die Anfängerfehler, sich mit den Händen am Zügel oder mit den Unterschenkeln am Pferdebauch festzuklammern, nicht aus-

probieren. Alle anderen Möglichkeiten, sich „verkehrt" hinzusetzen, kann man aber ruhig einmal übertreiben. Am Ende hat der Körper eine große Auswahl an ungünstigen Sitzideen. Interessanterweise findet man dadurch leichter zum idealen Gleichgewicht.

▲ An der Longe legt Greta die Gerte auf beide aufgestellten Hände und balanciert sie im Schritt. Gar nicht so einfach! Geht das auch im Trab oder beim Anhalten? Reiterhände sollen ruhig sein!

◀ Mit einer Hand auf dem Brustbein und einer auf dem unteren Rücken stellt Marcel sich vor, groß zu werden und den Raum zwischen seinen Händen auseinander-zuziehen wie ein Akkordeon.

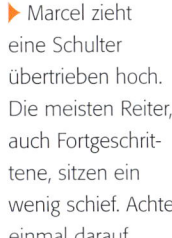

▶ Marcel zieht eine Schulter übertrieben hoch. Die meisten Reiter, auch Fortgeschrittene, sitzen ein wenig schief. Achte einmal darauf.

▶ Marcel lässt sich zusammensacken wie ein Müslisack. Wenn man so sitzt, spürt man die Bewegungen des Pferdes viel deutlicher. Probiere es aus und richte dich dann ganz langsam wieder auf.

▲ Das Umarmen des Ponys gehört sicher zu den schönsten Balanceübungen, die es gibt. Du kannst sie im Halten machen oder dich dabei im Schritt führen lassen.

Die Wendungen

- Wendungen gehören zu den lösenden Übungen.
- Auch das Durchreiten der Ecken ist eine Wendung, in der das Pferd gebogen geht.
- Vom Großen zum Kleinen: Zu Beginn der Reitstunde werden große Wendungen geritten, später erst die kleineren, die enger sind.

Übertrieben richtig wenden

Wendungen oder sogar Slalom im Schritt am langen oder hingegebenen Zügel geritten, dienen ebenfalls der Balance. Vor allem, wenn man diese Wendungen etwas übertrieben reitet. Wendet man nach links, schaut man auch mit einer leichten Kopfdrehung nach links.

Die linke Schulter nimmt man etwas nach hinten, dadurch kommt die linke Hand ein wenig dichter an den Bauchnabel als die rechte. In der Wendung nach links sinkt das rechte Knie tiefer und der rechte Unterschenkel geht ein wenig zurück. Das linke Bein liegt dicht am Pferdebauch.

Zum Beispiel mit dem Halsring. Dabei wird nicht am Halsring gezogen, sondern der Körper deutlich in die Wendung mit hinein genommen, so, wie es auf den Fotos zu sehen ist.

Sind Pferd und Reiter geübt im Wenden, lässt sich so ein Slalom auch ganz ohne Zügel reiten. Wendungen fördern die Geschmeidigkeit von Pferd und Reiter.

◀ Malte vertraut Aron. Mit den Führstricken als Zügelersatz im Halfter eingehängt, kann er ihm auch nicht im Maul wehtun. Mal schauen, wie es sich rückwärts ohne Sattel reiten lässt?

▶ „Ina, wie viele Möglichkeiten gibt es, auf einem Pferd zu sitzen? Welches Bein geht gerade vor?" „Rosa, wie kann ich Trajan von oben anhalten, ohne Zügel?" Fragen über Fragen!

Ohne Sattel reiten

Das Reiten ohne Sattel hilft allen Reitern, ihre Balance zu finden. Reitanfänger und fortgeschrittene Reiter verbessern auf dem blanken Pferderücken ihren Sitz. Außerdem ist es einfach schön, das warme Fell und die geschmeidigen Bewegungen des Pferdes zu spüren.

Im Schritt bewegt sich der Pferdebauch beim Gehen nach links und rechts gegen das Reiterbein. Der Pferderücken hebt und senkt sich. Der Weg zum Umarmen des Pferdehalses ist beim Reiten ohne Sattel scheinbar viel kürzer, als beim Reiten mit Sattel.

Bitte nicht auf Krampf!

Aber wie kommt man auf so einen Rücken hinauf? Wir raten davon ab, das Pferd als Sportgerät zu benutzen und das Aufspringen von der Seite am Pferd zu üben. Nur wenige anmutige Tänzer oder leichtfüßige Sportler schaffen es auf Anhieb, vom Boden aus aufzusitzen, ohne dass sich das Pferd dabei verspannt. Pferdefreundlicher ist es, auch beim Reiten ohne Sattel eine Aufstiegshilfe zu benutzen oder sich mit der Räuberleiter aufs Pferd helfen zu lassen.

Rückwärts, vorwärts, Trab, Galopp

Eine völlig neue Reiterfahrung ist das Rückwärtsreiten mit Blick zum Schweif. Hierbei sollte man sich auf alle Fälle führen lassen.

Hat man sich ein wenig zurecht gefunden, kann man an den langen Seiten traben und vor den Ecken zur kurzen Seite zunächst einmal wieder zum Schritt durchparieren. Galopp ohne Sattel ist eine wunderbare Angelegenheit. Am wunderbarsten ist der Galopp, wenn das Pferd so gut ausgebildet ist, dass es direkt aus dem Schritt angaloppiert und sich vom Galopp auch weich in den Schritt durchparieren lässt.

Weniger gut ausgebildete oder junge Pferde traben oft in den Galopp hinein. Dabei werden sie im Trab immer schneller. Das fühlt sich ohne Sattel meist nicht so gut an.

Sommer ohne Sattel

Mein Reitlehrer hat mir empfohlen, viel ohne Sattel zu reiten. Einen Sommer lang bin ich nur ohne Sattel geritten und dabei auch ganz viel galoppiert. Danach habe ich meine Bügel länger schnallen können und habe die Beine nicht mehr so hochgezogen. Auch im Winter reite ich gerne ohne Sattel, denn das Ponyfell fühlt sich so schön warm an.

▲ Ohne Sattel, aber mit Helm! So lässt es sich prima spielen. Rosa führt Ina, die gerade nach Gold auf Trajans Rücken Ausschau hält, das aus einem Baum herabgeregnet ist.

▲ Hier reitet die ganze Abteilung eine Quadrille ohne Sattel. Zur Musik bewegen sich die Pferde schwungvoll und der Pferderücken fühlt sich noch besser an!

Bis man im Reiten ohne Sattel wirklich geübt ist, reitet man am besten in der Bahn. Hier kann man unbeschwert vom Pferderücken rutschen und von der Aufstiegshilfe aus wieder aufsitzen.

▶ **Tipp:** Mehr über den Galopp erfährst du auf S. 114.

Der Pferderücken

Die Rückenform von Ponys ist ganz unterschiedlich. Reiten ohne Sattel kann sich daher für dich, aber auch für das Pony unangenehm anfühlen. Pass beim Aufsitzen auf die empfindliche Wirbelsäule des Ponys auf.

▼ Nach einer längeren Trabphase freuen sich alle über eine Erholungspause im Schritt. Nur Malte trabt ganz hinten auf, weil der Abstand zwischen Aron und Sir Henry zu groß geworden ist.

◄ Viele Ponys und Pferde sehen richtig stolz und königlich aus, wenn sie mit Halsring geritten werden. Frei wie ein Wildpferd!

▼ Madita zeigt Sir Henry schon mal vom Boden aus, wie der Halsring funktioniert. Hebt sie ihn an, soll er stehen bleiben. Sir Henry denkt darüber nach, sein Lecken mit der Zunge zeigt es.

Halsring

Reiten, so frei es geht

Halsringreiten ist eine weitere Möglichkeit, einmal etwas ganz Neues auszuprobieren. Es macht Spaß! Damit niemand zu Schaden kommt, wird nur auf einem eingezäunten Platz geritten. Sind andere Pferde oder Ponys auf dem Platz, dann sollten sich die Pferde untereinander wirklich gut kennen und auch zusammen auf der Weide stehen.

Um ein Gefühl für den Halsring zu bekommen, legt man ihn zusätzlich zur Trense an. Zum Anhalten und Wenden hält man die Zügel in der einen und den Halsring in der anderen Hand.

Vorbereitung am Boden

Schon am Boden kann man üben, das Pferd durch Anheben des Halsrings anzuhalten. Der Halsring liegt zum Stoppen in der oberen Mitte des Pferdehalses. Wie beim Anhalten mit der Trense nimmt man den Halsring kurz an und gibt nach, nimmt wieder an, gibt nach usw., bis das Pferd steht. Starkes Ziehen am Halsring führt genau

wie starkes Ziehen am Zügel nicht dazu, dass das Pferd schneller stehen bleibt. Außerdem ist die Luftröhre des Pferdes, die im oberen Halsbereich unter der Haut liegt, sehr empfindlich – hier sollte sowieso kein starker Druck ausgeübt werden.

Action! Abenteuer!

Ich mache gerne viele unterschiedliche Sachen mit den Pferden. Wir reiten oft aus und haben schöne Galoppstrecken. Auf der Koppel dürfen wir Cowboy und Indianer spielen. Ich fahre Kutsche, springe gern und übe Halsringreiten.

Auf dem Landesbreitensportturnier in Bad Segeberg habe ich mir nämlich einen Halsring gekauft! Einmal im Jahr fahre ich zusammen mit Marcel ins Jungs-Camp. Da bekomme ich neue Ideen, was man noch mal ausprobieren könnte. Letztes Jahr haben wir Pferdefußball gespielt.

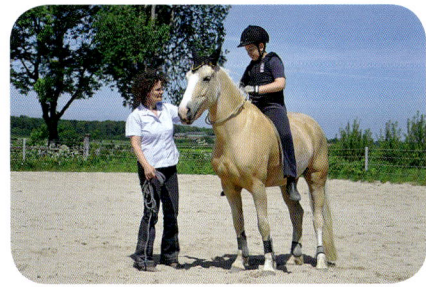

▲ Aha, so geht das! Ute erklärt Marcel den Einsatz des Halsrings.

◀ Greta reitet Slalom mit dem Ring. Für den Notfall, und weil der Reitplatz nicht eingezäunt ist, trägt Kimberly auch die Trense. Um Wendungen zu üben, ist der Halsring ideal.

▼ Marcel freut sich und lobt Nini, weil sie so brav auf seine Halsringhilfen zum Anhalten gehört hat. Nini sieht auch sehr zufrieden mit sich aus.

◀ Rosa musste Trajan ein bisschen überreden, über die Stange zu gehen. Der Halsring ist noch straff nach rechts gezogen, aber nun kann sie locker lassen. Trajan hört ihr wieder zu.

Leichte Hilfen geben

Für Wendungen legt man den Halsring außen am Hals an. Wenn das Pferd also nach links wenden soll, liegt der Halsring an der rechten Halsseite des Pferdes an. Auch diese Hilfen kann man erst einmal vom Boden aus üben.

Beim Reiten hilft man dem Pferd durch deutliche Stimm- und Gewichtshilfen, die Signale des Halsrings besser zu verstehen.

Fällt dies anfangs noch schwer, geht man einfach einen Schritt zurück und setzt entweder wieder mehr die Trense ein oder man sitzt ab und führt mit dem Halsring vorwärts und rückwärts durch Stangenkombinationen. Auf diese Weise versteht das Pferd die neuen Hilfen schnell.

Sich richtig in den Halsring reinzuhängen, um nach links, rechts, rückwärts oder zum Stehen zu kommen, ist dagegen wenig Erfolg versprechend. Wenn es um Kraft geht, sind Pferde uns nun einmal überlegen.

Bei manchen Pferden und beim Reiten im Gelände ist es sinnvoll, den Halsring zusätzlich zur Trense anzulegen. Rückwärtsrichten, Durchparieren oder das Aufwölben des Rückens fällt den Pferden dann leichter.

▶ **Tipp:** Die regulären Hilfen zum Anhalten und Reiten von Wendungen stehen auf S. 100 und 106.

So halten sich Wildpferde fit

Favorit Fitness

Während Kinder der westlichen Zivilisation sich in Vereinen und im Sportunterricht fit halten, bewegen sich die Kinder von Naturvölkern jeden Tag sehr viel mehr und üben sich zusätzlich in Geschicklichkeitsspielen.

In freier Wildbahn ist Fitness ein wichtiger Überlebensfaktor! Auch wild lebende Pferde absolvieren ein selbstbestimmtes Fitnessprogramm und trainieren unermüdlich Kondition und Beweglichkeit, wenn ihnen danach ist.

Selbstbestimmtes Training

Und wann ist ihnen danach? Wenn das Wetter sich nach ein paar heißen Tagen abkühlt, wenn nach einer langen Frostperiode der Boden abgetaut ist, wenn vor Gewittern oder einem Wetterumschwung Wind aufkommt, im Tiefschnee, nach Aufregungen und gern auch in der Kühle der Morgen- und Abenddämmerung.

Die natürliche Umgebung der Pferde bietet viele Herausforderungen für ihre Fitness. Klettertraining, Wassergymnastik, Sprünge über Baumstämme, unterschiedliche Bodenbeschaffenheit und die Spielverabredungen mit Gleichaltrigen. Und natürlich muss man sich dann und wann kratzen und im Staub baden.

Stutenrennen und Hengstgerangel

Genau wie Menschenkinder die Welt der Erwachsenen mit Jägern und Gejagten nachspielen, geht es auch den Pferdekindern. Junge Hengste üben sich in Gesten, die ihre Väter in Auseinandersetzungen mit anderen Hengsten einsetzen.

Junge Stuten bevorzugen Renn- und Verfolgungsspiele. Egal, welche Trainingsform der Alltag den wilden Pferden bietet, ständige selbstbestimmte Bewegung im Herdenverband ist das A und O fürs Überleben.

Und je mehr abwechslungsreiche Bewegung wir unseren Hauspferden bieten, desto gesünder und ausgeglichener bleiben sie auch.

Geltinger Birk

In Deutschland und in angrenzenden Ländern hat die Idee, Ponys im Urpferdetyp für den Landschaftsschutz einzusetzen, fuß- oder besser hufgefasst. England kann da schon lange als Vorbild gelten. Sowohl im Exmoor als auch im Dartmoor und im New Forest leben halbwilde Ponys als Landschaftspfleger.

Die Geltinger Birk liegt am nordöstlichsten Zipfel Deutschlands. Mit dem Handy ist man hier schon in Dänemark und nutzt den Auslandstarif. Aber die rund 80 Koniks, die aufgeteilt auf drei Herden über das riesige Gelände verteilt leben, brauchen zum Glück keine Handys.

Auch in der Pferdeherde gibt es Regeln. Diese Aufforderung zum Spiel ist unter Gleichaltrigen zum Beispiel noch erlaubt. Den Leithengst würde Rotschopf dagegen nie in den Hals beißen!

▲ Die Kinder haben ihre Ponys in der Mitte mit genügend Abstand zueinander aufgestellt und bereiten sie aufs Aufsitzen vor.

Regeln in der Reitbahn

In den meisten Reitschulen findet der Reitunterricht in der Abteilung statt. Das bedeutet, dass die Ponys mit ihren Reitern in einer bestimmten, meist gut bewährten Reihenfolge hintereinander laufen. Der Reitlehrer steht in der Mitte und gibt den Reitern Tipps, wie sie besser sitzen oder mit ihrem Pony oder Pferd zurechtkommen können. Oder er schlägt Übungen vor und unterstützt die Reiter dabei, diese so korrekt wie möglich zu reiten.

Wie eine neue Sprache

Reitanfänger lernen im Reitunterricht viele neue Wörter, Regeln und Übungen. Das ist in jeder Sportart so.

Möchte ein Reiter mit seinem frisch geputzten und gesattelten Pony die Reithalle betreten, so ruft er vorher: „Tür frei, bitte". Die anderen Reiter reiten dann von der Tür weg, sodass das neue Pony in Ruhe in die Bahn kommen kann. Wenn keiner mehr in der Nähe der Tür reitet, ruft man: „Tür ist frei" und der neue Reiter darf in die Bahn.

Sicherheit und Abstand

In manchen Reitschulen ist es üblich, die Ponys oder Pferde vor dem Aufsitzen einige Runden lang zu führen. Aufgesessen wird in jedem Fall in der Mitte der Reitbahn, denn dort stört man keine anderen Reiter.

Reitet man hintereinander her, so hält man mindestens eine Pferdelänge Abstand. Eine Pferdelänge, das sind ungefähr 2,40 Meter. Hat dein Pony einen etwas längeren Bremsweg als das deines Vorreiters, so hast du mit

Eine Pferdelänge Abstand

Wenn man zwischen den Ohren seines Ponys hindurch schaut, sollte man gerade noch die Hinterhufe des Vorderpferdes sehen. Das ist eine Pferdelänge Abstand.

Eine Pferdelänge Abstand dient der Sicherheit. Hier ist Rosa an der Tete und die Abteilung reitet auf der rechten Hand. Unten ist Levke an der Tete. Man weicht nach rechts aus.

Finja reitet der ganzen Gruppe entgegen und weicht nach rechts aus. Auch die Abteilung weicht nach rechts aus. Eine Situation, die man ruhig öfter üben sollte.

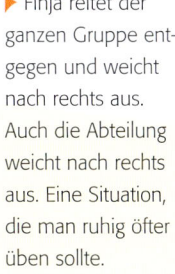

▲ Äppelhaufen der Pferde werden in der Bahn möglichst sofort mit dem Mistboy entfernt. Clara sieht ja sogar richtig fröhlich aus beim Abäppeln!

einer Pferdelänge Abstand noch genug Spielraum zum Anhalten.

Nach rechts ausweichen

Wenn mehrere Reiter in einer Halle durcheinanderreiten, ist das eine gute Gelegenheit, eine Art Rundumblick zu üben und sie alle im Blick zu behalten. Um Zusammenstöße zu vermeiden, gibt es außerdem weitere Bahnregeln.

Im Schritt macht man immer den Hufschlag frei, das heißt, wer trabt, reitet außen auf dem Hufschlag. Begegnet man einem anderen Reiter, weicht man immer nach rechts aus. Eine einfache Regel, wenn man sowieso linksherum reitet.

Wer rechtsherum reitet, muss aber den Hufschlag verlassen, um rechts vorbeireiten zu können. Beim Handwechsel von links nach rechts weicht man allerdings nach links aus.

▲ Uups, hier wurden die Regeln kurzfristig vergessen. Dann kann es ein ganz schönes Durcheinander geben. Bitte noch mal neu einfädeln und immer nur einer ins Hindernis.

◄ Auch in freier Wildbahn gibt es viel zu lernen. Von der ersten Stunde an lernt das Fohlen, seiner Mutter zu folgen und nah bei ihr zu bleiben.

▲ Mit Schritt am langen Zügel fängt die Reitstunde an, hört sie auf und sollte sie auch zwischendurch aufgelockert werden.

Abteilungsreiten

Nach dem Aufsitzen und Nachgurten lenkt man sein Pony auf den Hufschlag. Auf dem Hufschlag, direkt an der Bande der Reitbahn, wird in den ersten zehn Minuten der Reitstunde Schritt am langen Zügel geritten. Nach dieser Zeit wird noch einmal nachgegurtet.

Lösungsphase im Schritt und Trab

Anschließend wird die Abteilung gebildet. Die Lösungsphase beginnt. Der Reitlehrer setzt dazu ein Pferd an die Spitze. Das ist der Tetenreiter. Das Wort Tete kommt aus dem Französischen und bedeutet „Kopf".

Der Tetenreiter ruft: „Anfang hier". Auch die weitere Reihenfolge und die Richtung, in die geritten wird, werden vom Reitlehrer festgelegt.

Links herum heißt beim Reiten „linke Hand", die Hand, die innen ist und zum Reitlehrer zeigt. Die meisten Pferde gehen linksherum lieber und werden daher auf der linken Hand auch schneller locker.

Bahnfiguren

Nun wird etwa eine Viertelstunde oder 20 Minuten lang überwiegend getrabt. Entweder wird dabei ganze Bahn geritten oder die Pferde werden auf Zirkeln, Schlangenlinien oder anderen Bahnfiguren gebogen.

Außerdem wird häufig die Hand gewechselt und andersherum geritten. Das Traben über Bodenstangen, manche Seitengänge im Schritt und das Zulegen, also das Schnellerwerden innerhalb des Trabs können ebenfalls auf dem Programm stehen. Die Reiter traben leicht, das heißt, sie heben bei jedem zweiten Trabtritt ihren Po aus dem Sattel. Alle Übungen in dieser Phase dienen dazu, dass Pferd und Reiter warm, locker und geschmeidig werden.

Abgeschnaubt? Dann ist ja gut!

Nach der Lösungsphase haben hoffentlich alle Pferde abgeschnaubt. Spätestens jetzt sollte eine Schrittphase am längeren Zügel eingelegt werden, in der sich die

◄ Levke ist an der Tete und die Abteilung reitet auf der linken Hand. Ein bisschen abgelenkt scheinen sie alle noch zu sein. Nach dem Handwechsel schlägt Ute eine Übung vor …

▲ … nun sind alle bei der Sache und strecken eine halbe Runde lang den rechten und die andere Hälfte der Runde den linken Arm in die Höhe. Das lockert die Schultern.

▲ Zirkel sind eine beliebte Bahnfigur für die Lösungsphase. Aber die Abstände stimmen nicht mehr. Katinka muss ein wenig langsamer traben und Rosa ein bisschen aufreiten.

Pferde eine Runde lang dehnen dürfen. In diesen Phasen entspannt sich die Muskulatur von Pferd und Reiter. So können beide anschließend wieder konzentriert mitarbeiten.

Wenn die Zügel wieder aufgenommen worden sind, wird entweder weiter gelöst oder der Reitlehrer beginnt mit versammelnden Übungen. Auch der Galopp wird meist erst in dieser zweiten Phase der Reitstunde geübt.

▶ **Tipp:** Mehr über das Nachgurten steht auf S. 71.

Von Ponys lernen

Weil mein eigenes Pony noch so jung und unerfahren ist, durfte ich beim Fototermin mit Horst Trajan reiten. Ich kannte ihn vorher nicht und war ganz schön aufgeregt, wie er wohl sein würde. Er ist toll, aber ganz bestimmt keine Schlaftablette.

Ich finde es gut, so viele unterschiedliche Ponys zu reiten wie möglich. Jedes reagiert anders und von jedem lernt man etwas anderes, das man später vielleicht beim Reiten gut gebrauchen kann.

Auch wenn ich mein eigenes Pony natürlich am liebsten habe, habe ich nun auch Trajan lieb, weil er so nett zu mir war.

◀ Rosa denkt sich eine Schrittfolge mit Hüpfern aus, die anderen übernehmen das. Eine gute Übung, bevor man aufs Pferd steigt!

▼ Sir Henry ist ein kecker Kerl, der sich über Abwechslung vor und in der Reitstunde freut!

Lösen und versammeln

Die Lösungsphase kann aber auch ganz anders aussehen. Die Reiter machen sich ohne Pferd mit verschiedenen Dehn- und Koordinationsübungen warm.

Danach führen sie die Pferde durch Bodenhindernisse. Nervöse Ponys wie Nini machen dabei eher langsame Schritt-für-Schritt-Übungen, wie zum Beispiel im Schritt durch das Stangen-L.

Einfallsreiche und kecke Ponys wie Sir Henry können viele verschiedene Übungen machen, zum Beispiel Rückwärtsrichten an der Hand, vorwärts durch den Slalom. Und nach einem Reiterspiel an der Hand geht es mit einigen Spielen im Sattel weiter.

Der Sinn des Ganzen

Der Ablauf einer Reitstunde folgt einem bestimmten Muster. Im Kleinen entspricht das Muster jeder einzelnen Reitstunde nämlich der gesamten Ausbildung eines Pferdes vom jungen bis zum erfahrenen Reitpferd.

Dieser Ablauf hat sich über Jahrzehnte bewährt. Er ist auch dann sinnvoll, wenn man allein in der Bahn reitet. Solange man den Sinn des Ganzen im Blick behält und pferdefreundlich bleibt, kann man ihn ruhig durch neue Übungen und passende Ideen bereichern.

Ziel Nummer eins: Losgelassenheit

Die Lösungsphase im Schritt am langen Zügel hilft genau wie das anschließende Leichttraben, warm und locker zu werden. Bei jungen Pferden, Reitanfängern, im Winter oder wenn das Pferd in einer Box stehen muss, statt sich frei bewegen zu können, dauert die Lösungsphase länger. Vielleicht gibt es dann außer der Lösungsphase nur noch das Trockenreiten am Ende der Stunde. Durch Tellington-TTouches, Bodenarbeit und Spiele für Pferd und Reiter lässt sich die übliche Lösungsphase abwechslungsreicher gestalten und aufpeppen.

▶ **Tipp:** Passende Übungsvorschläge findest du auf S. 26, S. 42 und S. 50.

▼ Das Zulegen an der langen Seite im Trab macht Levke richtig Spaß. Sir Henry kann fliegen! Vor der Ecke zur kurzen Seite wird das Tempo zurückgenommen und Henry muss landen.

▶ Volten und Zirkel verkleinern gehören in die zweite Unterrichtsphase.

▶ Vor dem Springen müssen Ponys und Pferde mit Schritt am langen Zügel, Traben über Bodenstangen und längeren Galopps gut aufgewärmt werden. Aron und Malte sind voll in ihrem Element!

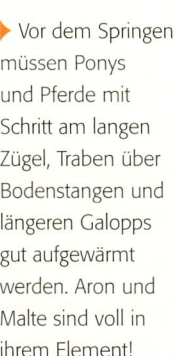

▲ In der zweiten Unterrichtsphase schätzt Henry längere Galoppphasen. Und Levke hat nichts dagegen einzuwenden.

Die zweite Phase des Unterrichts

Häufiges Durchparieren zum Halten und das Antraben aus dem Halt, Seitengänge, Schlangenlinien mit mehreren Bögen, Rückwärtsrichten und enge Wendungen wie Volten, Zirkel verkleinern und vergrößern versammeln das Pferd. Versammlung bedeutet, dass das Pferd beginnt, mehr vom Gewicht der Vorhand und vom Reiter mit der Hinterhand zu tragen. Es beugt die hinteren Gelenke stärker und wirkt erhabener.

Voraussetzung für die Versammlung ist allerdings ein lockeres, gelöstes und genügend gekräftigtes Pferd. Daher wird, wenn überhaupt, erst in der zweiten Phase der Reitstunde an versammelnden Übungen gearbeitet. Meist wird auch der Galopp in diese zweite Phase der Reitstunde eingebaut.

Nach der Lösungsphase kann eine Reitstunde aber auch mit Springunterricht, Quadrillereiten, weiteren Reiterspielen oder dem Üben einzelner Bewegungsabläufe wie Schulterherein oder einfachen Galoppwechseln weitergehen.

Am Ende: Zügel lang und loben

Wie auch immer die zweite Phase des Reitunterrichts aussieht, am Ende gibt es noch einmal eine etwa zehnminütige Schrittphase am langen Zügel. Im Winter, wenn die Pferde geschwitzt haben, kann das Trockenreiten auch mehr als zehn Minuten dauern. Die Muskulatur von Pferden mit empfindlichem Rücken oder von älteren Pferden wird dabei hinter dem Sattel mit einer Nierendecke warm gehalten.

◀ Das Laufen in einer „Abteilung" ist für frei lebende Pferde vollkommen natürlich, auch wenn sie keine Bahnfiguren kennen.

▼ In jeder einzelnen Ecke soll das Pferd gebogen werden. Wenn Gras in den Reitbahnecken wächst, erzählt dies von Reitern, die die Ecke doch lieber abkürzen. Henry ist schön gebogen.

Bahnfiguren

In der Lösungsphase werden die Pferde auf großen Linien gebogen. Bei jedem Durchreiten der Ecke bewirkst du mit dem sanften Anlegen des inneren Unterschenkels, dass sich dein Pony biegt.

Auf diese Weise hast du innen etwas mehr Gewicht im Sattel. Dadurch, dass du deine innere Schulter zurückgenommen hast, ist auch dein innerer Zügel ein wenig kürzer als der äußere. Nun sollte sich dein Pony schön in die Ecke hineinbiegen. Wendungen zu reiten, kannst du übrigens auch auf einem Stuhl üben. Versuche es mal!

Das Bahnpunktalphabet

Reitet man alle vier Ecken außen herum aus, so heißt das „ganze Bahn" reiten.
Wenn man nun auf großen Linien die Hand wechseln möchte, kann man „durch die ganze Bahn wechseln", „durch die halbe Bahn wechseln" oder „durch die Länge der Bahn wechseln".

Bahnpunkte lernen!

- **A**lle
- **k**leinen
- **E**sel
- **H**aben
- **C**haotische
- **M**anieren
- **B**eim
- **F**ressen

Die schwarzen Punkte zeigen die Zirkelpunkte und das X markiert den Mittelpunkt der Bahn.

Oder welcher Satz fällt dir zu den Bahnpunkten ein?

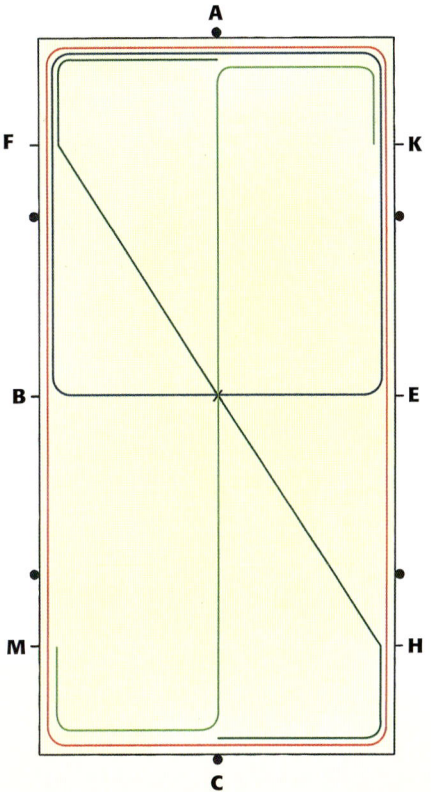

A

F — K

B — E

M — H

C

▲ Die Linien zeigen verschiedene Bahnfiguren an.
Die rote Linie: „Ganze Bahn"
Blau: „Halbe Bahn"
Dunkelgrün: „Durch die ganze Bahn wechseln"
Hellgrün: „Durch die Länge der Bahn wechseln"

▲ Beim Quadrillereiten ist das präzise Reiten der Bahnfiguren genau-so wichtig wie die Abstimmung des eigenen Tempos auf die Mitreiter. Eine knifflige Angelegenheit, die sehr schön aussieht und richtig Spaß macht!

Meist sagt der Reitlehrer die Bahnpunkte an, von denen man weg und zu denen man hin reitet. Durch die ganze Bahn wechselt man auf der linken Hand zum Beispiel entweder von F nach H oder von H nach F.

Freestyle durch die Bahn

Es macht Spaß, korrekte Bahnfiguren zu reiten. Aber es macht auch Spaß, zusammen mit der ganzen Abteilung Bahnfiguren zu erfinden.

Die Buchstaben auf den Zirkel- und Wechselpunkten können dabei helfen, solche „Freestyle"-Bahnfiguren für die ganze Gruppe anzusagen. Oder Jeder aus der Gruppe reitet eine erfundene Bahnfigur vor und die an-deren reiten sie dann nach.

◀ „Durch die Länge der Bahn wechseln" ist eine knifflige Bahnfigur, weil man zuerst ganz gerade reiten, dann aber doch eng abwen-den muss.

▶ Auch für diese Quadrillereiter sind die Bahnpunkte wichtige Orientierungspunkte, die ihnen helfen, exakt zu reiten.

◀ Der kleine Konikjährling biegt sich vor allem im Hals, um eine juckende Stelle an seiner Hüfte mit den Zähnen zu kratzen. Das rechte Vorderbein hat er vorgestellt, um nicht ins Wasser zu fallen.

▶ Auf dem Zirkel sind die Ponys nach links gebogen. Die Reiter nehmen ihre linke Schulter und den äußeren Schenkel ein wenig zurück.

Es geht richtig rund!

Sandei oder Kreis?

Ein Zirkel ist ein großer Kreis von 20 Metern Durchmesser. Die ersten Stunden an der Longe reitet man auf dem Zirkel. Auch im Galopp ist man häufig auf dem Zirkel unterwegs.

Einen Zirkel wirklich rund zu reiten, ist eine Kunst. Nur an den drei äußeren Zirkelpunkten geht das Pferd für etwa eine Pferdelänge auf dem Hufschlag.

Ob du deinen Zirkel schön rund hinbekommen hast, kannst du an der Spur sehen, die entsteht, nachdem die Reitbahn gerade frisch durchgeeggt wurde. Leider ist aber doch oft statt eines Kreises ein Ei im Sand entstanden. Vier Pylonen oder Tonnen mit genügend Abstand zu den vier Zirkelpunkten helfen Pferd und Reiter, die Zirkelpunkte besser zu treffen und wirklich runde Zirkel in den Sand zu malen.

Viele Möglichkeiten im Kreisverkehr

Man kann gut aus einem Zirkel in den anderen Zirkel wechseln. Diese Bahnfigur heißt „aus dem Zirkel wechseln" und wird gern auch im Galopp geübt. Ist das Pferd bereits gelöst, bietet sich das „Zirkel verkleinern" an. Man reitet eine Art Spirale, bis man am Ende eine Volte um den Zirkelmittelpunkt dreht. Danach vergrößert man den Zirkel auf der Spirale wieder nach außen.

Auch ein Handwechsel im Zirkel ist möglich. Man reitet dazu vom ersten Zirkelpunkt im Bogen auf die Mitte der kurzen Seite zu und vollendet das S, indem man zum nächsten Zirkelpunkt der langen Seite wechselt. Diese Figur heißt „durch den Zirkel wechseln". Reitet man sie zweimal hintereinander, entsteht eine Acht.

Auch auf den unterschiedlichen Schlangenlinien werden Pferde geschmeidig gemacht. Einfache und doppelte Schlangenlinien werden immer an den langen Seiten geritten.

Meine Lieblingsbahnfigur ...

... ist die Acht. Sie macht meine Pferde geschmeidig und löst die Rippenpartie. Ich reite sie in allen Gangarten, auch im Galopp, dann kann man schön fliegende Wechsel einbauen. Was ich dagegen selten reite, ist Viereck verkleinern und vergrößern (S. 109). Ich reite lieber gleich Travers und Traversalen. Für junge Pferde und Reiter ist es aber bestimmt auch eine gute Übung.

▲ Alle fünf Reiter in verschiedenen Phasen prima gerittener Linksvolten. Besonders schön ist zu sehen, wie die Reiter ihre linke Schulter und ihr rechtes Bein zurücknehmen und in die Richtung schauen, in die sie reiten. Ihre Schultern sollen parallel zu den Pferdeschultern sein. Finja könnte nach oben schauen und Rosa ihre Ellbogen anwinkeln.

Die kleine Schwester des Zirkels

Volten sind eine gute Gymnastikübung. Sie helfen gut aufgewärmten Pferden, ihre Muskulatur zu dehnen. Die Muskulatur der meisten Pferde ist nämlich auf einer Seite etwas kürzer als auf der anderen. Meist ist sie links verkürzt. Deshalb können sich die meisten Pferde in den Linksvolten auch leichter biegen als in den Rechtsvolten.

Auf der steiferen Seite des Pferdes reitet man etwas größere Volten. Der Durchmesser der Volte kann von anfangs zehn Metern auf sechs Meter verringert werden. Entscheidend ist, dass sich das Pferd auch wirklich biegt. Auch auf der Volte lässt sich die Hand wechseln. Dann wird die Volte zur Kehrtvolte.

Um Tonnen herum geht es leichter

Viele Bahnfiguren lassen sich leichter reiten, wenn man sie um Hindernisse herum anlegt. Pylonen, Tonnen oder Sprungständer helfen bei der Orientierung.
Das gilt auch für Achten. Sie sind eine tolle Übung für Pferd und Reiter. Am besten reitet man sie um Tonnen oder Pylonen herum.

Alle schwierigeren Bahnfiguren übt man zunächst im Schritt. Hat man das Prinzip verstanden, kann man zum Trab übergehen und am Ende versuchen, auch im

▼ Oben: In Rot: „Auf dem Zirkel geritten", Blau: „Aus dem Zirkel wechseln", Schwarz: „Durch den Zirkel wechseln", Grün: „Zirkel verkleinern und vergrößern"
Unten: In Blau: „Einfache Schlangenlinie", Schwarz: „Doppelte Schlangenlinie", Rot: „Schlangenlinien durch die ganze Bahn, fünf Bögen"

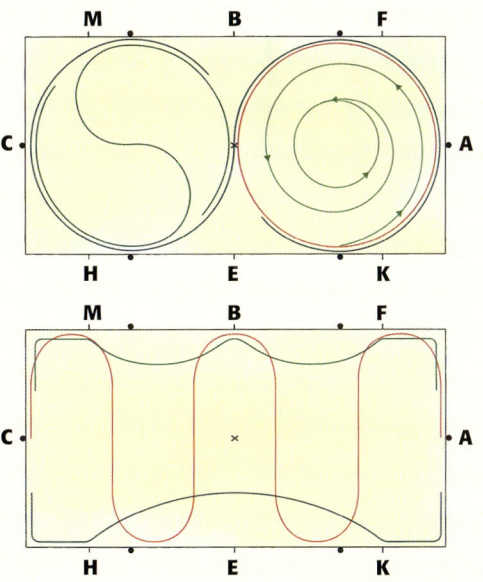

Galopp auf pferdefreundliche und elegante Art dort anzukommen, wo man hinwollte. Bei einigen Figuren kann das allerdings Jahre dauern!

▶ **Tipp:** Das Reiten von Biegungen und Wendungen wird auch auf S. 83 und S. 106 erklärt.

Als treibende Hilfe senkt der Hengst den Kopf und droht dem Jähr-ling mit zurückgelegten Ohren. Der Jährling trabt schnell davon.

Madita trabt mit Sir Henry zügig vorwärts. Sir Henry horcht auf-merksam nach hinten. Jetzt ist er jederzeit bereit für eine Parade.

Stop and Go

Zum Anreiten legt man die Unterschenkel leicht ans Pferd, als wolle man den Pferdebauch abwechselnd links und rechts anheben. Reagiert das Pferd auch nach ein paar Wiederholungen nicht auf diese leichte Hilfe, tippt man es zusätzlich mit der Gerte an.

Manche Reitanfänger halten sich mit den Beinen am Pferdebauch fest, sie klammern. Viele Schulpferde ha-ben es sich aus diesem Grund angewöhnt, Schenkelhil-fen zu ignorieren. In diesem Fall helfen zusätzliche Ger-ten- und Stimmhilfen. Die Unterschenkel oder Absätze in den Pferdebauch zu rammen, ist dagegen brutal und unreiterlich.

Wie bremst man ein Pferd?

In der Reitersprache nennt man das Verlangsamen vom Trab in den Schritt durchparieren. Zum Durchparieren gibt man eine halbe Parade. Das bedeutet, dass man die Ellbogen und damit die Zügel mehrmals ein wenig nach hinten und wieder nach vorn bewegt. Dabei richtet man den Oberkörper auf und umschließt das Pferd mit den Beinen. Das Pferd wird normalerweise beim Nachgeben langsamer. Das Nachgeben nach dem gefühlvollen Zu-rückdehnen der Ellbogen ist also die wichtigere Hilfe.

Die ganze Parade

Eine ganze Parade wird gegeben, um das Pferd anzu-halten. Die ganze Parade wird durch mehrere halbe Pa-raden, also durch Zurückdehnen und wieder Vorgehen der Ellbogen vorbereitet. Dann sollen die Zügel eine Grenze bilden und die Vorhand des Pferdes, also die Vorderbeine, zurückhalten. Anschließend werden die Ellbogen wieder etwas zurückgedehnt, der Reiter richtet sich auf, legt die Beine an den Pferdebauch und atmet aus. Reagiert das Pferd nicht, können die Hände etwas angehoben werden, bevor wieder nachgegeben wird.

Paraden werden weich und im Fluss der Bewegung ge-geben. Der Zuschauer soll sie gar nicht wahrnehmen können. Vorsicht: Beim Anhalten nicht nach vorne fallen oder nach hinten lehnen, sondern aufgerichtet bleiben!

Malte hat die Zügel nachgefasst und bereitet mit Paraden das Anhalten vor. Aron verkürzt die Tritte. Gleich hält er an.

Aron trabt schön vorwärts, gleich möchte Malte durchparieren zum Halt. Malte dehnt die Ellbogen nach hinten und nimmt die Zügel schon ein bisschen an.

Pferde, die das Anhalten lernen sollen, bekommen einen deutlich kürzeren Bremsweg, wenn sie nach dem Anhalten ein Leckerli bekommen. Diese Übung dient auch als Notstopp für hitzige Geländepferde.

Aron steht genau wie ein Tisch: an jeder Ecke ein Huf, kein Bein steht zurück oder vor. Super! Malte hat die Zügel beim Anhalten nachgegeben, behält aber die Verbindung zu Arons Maul.

Sporen ja oder nein?

Wenn ein Pony nicht auf treibende Hilfen reagiert, kann ein junger Reiter kurze, stumpfe Sporen benutzen, bevor er aus Verzweiflung anfängt, ständig mit den Schenkeln zu klopfen. Voraussetzung ist allerdings, dass sein Schenkel schön ruhig am Pferd liegt und in Stresssituationen nicht hochrutscht oder der Sporn gar in den Pferdebauch gebohrt wird.

Stehen wie ein Tisch

Am Ende soll das Pferd auf allen vier Hufen gleichzeitig stehen, wie ein Tisch.

Am besten übt man das weiche Anhalten aus dem Schritt.

▶ **Tipp:** Mehr über das Anhalten steht auf S. 36 und 86.

Pferde in Freiheit bewegen sich vor allem im Schritt vorwärts. Auf der Suche nach Wasser, Futter und Ruheplätzen legen sie weite Strecken zurück. Langsam, aufmerksam, das Maul im Gras!

Finja reitet Katinka im Schritt durch das Stangen-L. Gleich geht sie noch einmal von der anderen Seite hindurch. Katinka fällt die Linkskurve leichter.

Schritt für Schritt

Der korrekte Schritt ist ein Viertakt. Beim entspannten Pferd kann man das „Tock-Tock-Tock-Tock" der Hufe in gleichmäßigem Takt auf dem Asphalt hören.

Nimmt man allerdings die Zügel zu kurz oder ist das Pferd aus einem anderen Grund verspannt, verschiebt sich der Takt und wird ungleichmäßig bis hin zum Zweitakt. Dann gehen das Vorder- und Hinterbein der linken oder der rechten Seite gleichzeitig nach vorne. Diese Gangart nennt man Pass.

Schritt am langen Zügel entspannt das Pferd und rahmt den Anfang und das Ende jeder Reitstunde ein. Auch im Gelände bummelt es sich schön im Schritt am langen Zügel. Bodenarbeit und Übungen im Spieleparcours werden ebenfalls überwiegend im Schritt gemacht.

Hinfühlen lernen

Im Schritt kannst du am leichtesten lernen, genau hinzuhören, hinzusehen und hineinzufühlen, ob das Pferd gleichmäßig geht. Aus dem Sattel heraus kann man spüren, ob das Pferd schief ist und ein Hinterbein etwas nach außen setzt, anstatt exakt vor oder hinter den Abdruck des Vorderhufs.

Malte lässt Aron am langen Zügel gehen. Schritt am langen Zügel wird immer zu Beginn und am Ende der Reitstunde geritten. Auch zwischendurch wirkt eine Schrittpause entspannend.

Hier hat Malte die Zügel aufgenommen. Sie haben eine gute Länge. Aron tritt mit den Hinterbeinen schön weit vor und geht im Viertakt.

▲ Im Schritt kann man sich gegenseitig ohne Sattel führen und sich Bewegungsaufgaben für den Reiter überlegen. Der Fantasie sind keine Grenzen gesetzt. Aber bitte immer mit Helm!

Der Bauch des Pferdes schaukelt im Schritt von links nach rechts. Wenn du dich ein wenig eingefühlt hast, kannst du genau in diesem Rhythmus treiben. Du legst also den Unterschenkel an den Bauch des Pferdes an, wenn sich dein Bein sowieso ans Pferd anschmiegt.

Schrittgefühl

Fühle beim Warm- oder Trockenreiten am langen Zügel einmal nach, wie sich dein Pferd in den verschiedenen Schrittphasen bewegt. Deine Hüften bewegen sich dabei hoch, runter, vor und zurück. Was passiert mit deinen Schultern? Was mit dem Rücken und den Beinen? Fühlt es auf beiden Seiten sich ganz gleichmäßig an oder bewegt dich dein Pferd zum Beispiel links etwas weiter nach vorne oder nach unten als rechts?

Mittelschritt und Schrittrennen

Um den Schritt zu verändern, legt man die Unterschenkel in einem schnelleren Rhythmus abwechselnd links und rechts an den Pferdebauch an, schneller, als das Pferd sich bewegt.

Nun macht das Pferd größere Schritte im Schritt, viel-

▲ In der Lösungsphase sorgen witzige Übungen dafür, dass man locker wird. Levke „brummt" beim Ausatmen mit den Lippen. Diese Idee stammt aus dem Stimmtraining. Herrlich albern und entspannend.

leicht wird es auch etwas fleißiger oder trabt sogar an. In diesem Fall pariert man es mit einer halben Parade wieder zum Schritt durch und gibt die Hilfen ein wenig sachter.

Bleibt das Pferd dagegen im Schritt und geht nur etwas munterer und mit größeren Schritten, hat man es geschafft, Mittelschritt zu reiten.

Schrittrennen sind eine vergnügliche Art, den Mittelschritt zu üben. Zwei Reiter treten dazu an den langen Seiten der Reitbahn gegeneinander an. Wer antrabt, scheidet aus. Wer zuerst an der kurzen Seite angekommen ist, hat gewonnen.

▶ **Tipp:** Weitere Vorteile des Schritts am langen Zügel stehen auf S. 76, mehr übers Treiben findest du auf S. 78.

Dressurprüfung für Springreiter

Hoch konzentriert

In manchen Dressurstunden oder Dressurprüfungen könnte man zwar den Eindruck bekommen, dass Dressur etwas Hochernstes und Heiliges ist, das nur mit begabten Pferden geübt werden soll. Doch eigentlich ist es genau andersherum.

Dressur ist nichts anderes als Pferdegymnastik. Sie soll Ponys und Pferde geschmeidiger machen und ihnen helfen, sich physiologisch und im Gleichgewicht zu bewegen.

Das bedeutet, dass sie weniger schief und weniger auf der Vorhand laufen sollen und das ist natürlich gerade für weniger dressurbegabte Ponys wichtig!

„Vergiss eins nicht: Reiten macht Spaß."

Diesen vergnügten Spruch der Richterin bekam Malte als Abschlusskommentar nach der Dressurprüfung für Springreiter „Ohne leichten Sitz geht nichts" auf dem Landesbreitensportturnier in Bad Segeberg zu hören.

Malte hatte wohl etwas zu konzentriert ausgesehen. Und dann war Aron auch noch über die Platzbegrenzung gesprungen!

Prüfungen sind nun mal aufregend!

Die meisten Turnierreiter sind in Prüfungen aufgeregter, als wenn sie zu Hause die gleichen Aufgaben reiten. Ihre Ponys und Pferde spüren das sofort. In der Aufregung werden weniger feine Hilfen gegeben, die Zügel werden kürzer genommen, die Atmung ist flacher, die Bewegungen sind abgehackter.

Die Ponys lassen sich von ihren Reitern anstecken, sind aber auch wegen der vielen anderen Ponys und Pferde hibbeliger als im Alltag.

Alle Rassen erlaubt

Die fantasievollen Prüfungen und die freundliche Atmosphäre auf dem Breitensportturnier helfen Reitern und Ponys, locker und entspannt zu bleiben. Hier traut man sich auch einmal, mit Haflingern, Fjordponys oder Kaltblütern eine Dressur zu reiten.

Und wenn die muskulösen Kraftpakete gut geritten sind, dann landen sie auch auf den vorderen Plätzen, selbst wenn sie im Trab nicht so leichtfüßig tanzen wie ihre zierlicheren Kollegen.

◀ Wendungen sind kein Problem, zumindest im Stehen. Pferde sind im Hals sehr gelenkig.

▶ Bei den Mounted Games geht es deutlich dynamischer zu als auf dem Dressurviereck, aber auch hier werden enge Wendungen geritten!

Enge Wendungen

Volten, Achten und Kehrtvolten sind bereits ziemlich enge Wendungen, bei denen Pferd und Reiter sich nach und nach gut aufeinander einstimmen.

Die Kehrtvolte wird meist aus der zweiten Ecke der langen Seite geritten. Das entsprechende Kommando lautet: „Aus der Ecke kehrt."

Aus der immer enger gerittenen Kehrtvolte lässt sich mit der Zeit die Hinterhandwendung entwickeln. Mit der Zeit, das heißt, mit den Jahren. Die Hinterhandwendung ist eine Übung für fortgeschrittene Pferde und Reiter.

Gehirnjogging für Pony und Reiter

An die Vorhandwendung kannst du dich dagegen schon früher wagen. Auch hier kannst du dein Gefühl für die Feinabstimmung der Hilfen wunderbar schulen. Die Vorhandwendung gehört zu den lösenden Übungen.

▲ Wie groß die Kehrtvolte bei der Bahnfigur „aus der Ecke kehrt" geritten wird, das hängt vom Ausbildungsstand von Pferd und Reiter ab. Diese hier fällt am Ende der Lösungsphase noch großzügig aus.

Das Pferd wird auf dem Hufschlag zum Beispiel linker Hand mit einer ganzen Parade zum Halten gebracht. Der rechte Zügel wird etwas verkürzt, der rechte Steigbügel etwas stärker belastet, der Reiter schaut nach rechts. Nun legt man den rechten Unterschenkel fester ans Pferd und treibt genau in dem Takt nach links, in dem das Pferd Schritt für Schritt wendet.

 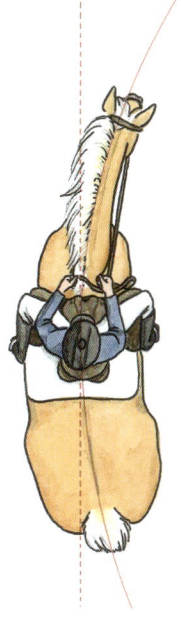

▲ Marcel möchte eine Vorhandwendung nach rechts reiten. Er hat den rechten Zügel etwas verkürzt, belastet den rechten Bügel stärker und treibt Nini mit dem rechten Bein am Gurt.

▲ Der Unterschied zwischen Stellung (links) und Biegung (rechts) von oben gesehen. Auch beim Reiten der ganzen Bahn soll das Pferd leicht nach innen gestellt sein, das innere Auge des Pferdes ist vom Sattel aus zu sehen. In der Biegung verkürzt das Pferd die Muskeln der inneren Seite und dehnt sie an der Außenseite. Die korrekte Stellung und Biegung betrifft vor allem den Hals des Pferdes, setzt sich aber in der Biegung durch den Rumpf fort.

▲ Nini tritt mit der Hinterhand um die Vorhand herum, bis sie wieder ganz auf dem Hufschlag steht. Auf dem Bild ist gut zu sehen, dass Nini gestellt, aber nicht gebogen ist.

Reagiert das Pferd nicht, kann man den Kopf weich nach rechts stellen und das Pferd mit der Gerte hinter dem Unterschenkel im Takt anticken.

Schokoladenseite

Wird das Pferd beim Wenden zu eilig, reguliert man das Tempo mit dem linken Unterschenkel. Tritt das Pferd nach vorne, fängt der linke Zügel das Pferd ab.

Viele Pferde wenden zu einer Seite leichter als zu der anderen. Und auch die meisten Reiter geben ihre Hilfen auf einer Seite weicher und feiner als auf der anderen.

▲ Damit sie nicht zu schnell wird, fängt Marcel mit dem linken Unterschenkel jeden zweiten Tritt der Hinterhand ab. Fast geschafft!

▶ **Tipp:** Das Reiten von Biegungen und Wendungen wird auf S. 106 erklärt. Mehr über die Vorhandwendung an der Longe findest du auf S. 60.

◀ Auch als Lektion in der Ponyquadrille machen sich Seitengänge gut! Sieh dir an, ob die Ponys korrekt gestellt sind.

▲ Ganz schön schwer: Malte, Madita und Marcel probieren Schenkelweichen im Trab. Madita gelingt es schon gut, Sir Henrys Vorhand zur Mitte der Bahn zu führen und ihn dabei vorwärts-seitwärts traben zu lassen.

Schrittweise seitwärts

In der Vorhandwendung hat das Pferd schon gelernt, den seitwärts treibenden Schenkel zu verstehen. Genau wie Menschen eine Fremdsprache lernen und erst einmal nicht wissen, was der Begriff „leg yielding" bedeutet, weiß auch das junge Pferd noch nicht, dass es seitwärts gehen soll, wenn der Unterschenkel des Reiters es hinter dem Gurt seitwärts treibt.

Wie auch bei der Vorhandwendung, ist es ja auch nicht nur der Unterschenkel des Reiters, sondern das Zusammenspiel der Hilfen, das dem Pferd die Seitwärtsbewegung verständlich macht.

Seitwärts als Medizin

Viele Reiter betrachten das Schulterherein als die wichtigste Übung, um ein Pferd geschmeidig zu machen und seine Schiefe zu verbessern.

Ist das Pferd noch nicht in Seitengängen geschult, übt man sie zunächst einmal vom Boden aus. Auch ohne

Schulterherein barocker Art

Auch wenn es meist anders gelehrt wird: Viele Reiter verlagern ihr Gewicht in den Seitengängen in die Bewegungsrichtung, also in die Richtung, in die das Pferd weichen soll. Mit Erfolg. Linker Hand sieht das anfangs so aus:
Nach Durchreiten der Ecke dreht man sein Pferd so, als würde man durch die ganze Bahn wechseln wollen. Dabei treibt man mit dem linken Bein etwa eine Handbreit hinter dem Gurt seitwärts. Der rechte Bügel wird deutlich ausgetreten und damit das Gewicht nach rechts in die Bewegungsrichtung verlagert. Dabei nicht in der Hüfte einknicken!
Der linke Zügel ist etwas verkürzt und sorgt für die leichte Biegung. Der rechte Zügel sorgt dafür, dass das Pferd mit den Vorderbeinen auf dem zweiten Hufschlag bleibt.

Reiter im Sattel ist die gymnastische Wirkung der Seitengänge groß und kann zum Beispiel am Ende der Lösungsphase am Boden gut eingesetzt werden.

▶ Dies ist Schulterherein im Trab auf „vier Hufspuren", jedes Pferdebein folgt seiner eigenen Spur.

▶ Eine Traversale im Trab. Dabei geht das Pferd vorwärtsseitwärts in der Bahnfigur „Durch die ganz Bahn wechseln".

▶ Beim Schenkelweichen (links) wird das Pony „in Stellung" seitwärts geführt. Im Schulterherein (Mitte) biegt sich das Pony, die Vorhand kommt nach innen, im Travers (rechts) die Hinterhand.

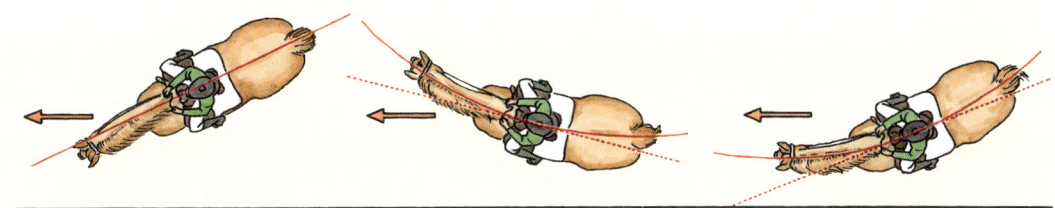

Schöne Zukunftsaussichten

Unter dem Sattel kannst du die Seitwärtsbewegung in verschiedene Hufschlagfiguren einbauen. Du kannst dein Pony bei einer einfachen Schlangenlinie seitlich übertreten lassen. Diese Figur nennt man „Viereck verkleinern und vergrößern". Geübte Pferde und Reiter können sowohl das Schenkelweichen, als auch Schulterherein und Travers im Trab und (Jahre später) auch im Galopp reiten.

▶ **Tipp:** Mehr über das Zusammenspiel aller Hilfen findest du auf S. 78.

Hilfengebung Schenkelweichen

Auf der linken Hand, Pferdekopf zeigt in Richtung Bande:
- rechten Bügel stärker belasten = Reitergewicht verlagert sich etwas nach rechts,
- rechter Unterschenkel liegt etwas zurück und treibt,
- linker Unterschenkel liegt etwas zurück und passt auf, dass das Pferd langsam und nicht zu weit seitwärts tritt,
- Blick des Reiters in Bewegungsrichtung nach links,
- linker Zügel reguliert die Pferdereaktion auf den rechten Schenkel,
- rechter Zügel stellt das Pferd leicht gegen die Bewegungsrichtung.

◀ Die beiden befreundeten Jährlinge traben eng beieinander und im Gleichschritt.

Leichtraben im Wechsel

Im Gelände wird immer leicht getrabt. Dabei solltest du immer mal den „Fuß" wechseln, weil du sonst immer auf dem gleichen „Fuß" leicht trabst und das schwächere Hinterbein dadurch schwach bleibt.

Fühlt sich das Wechseln auf den ungewohnten Fuß „komisch" an, ist das ein sicheres Zeichen dafür, dass das Pony oder Pferd steif und schief ist und mehr Bodenarbeits- oder Dressurübungen braucht.

Energiespartempo Trab

Im Trab bewegt sich das Pferd im Zweitakt. Zwei diagonale Beinpaare tun jeweils genau das Gleiche. Im Idealfall ist der Trab eine schwungvolle, raumgreifende Bewegung. Er ist eine Energiespar-Gangart, in der man im Gelände weite Strecken zurücklegen kann. Der Trab eignet sich nach dem Schritt am langen Zügel gut zum Lösen des Pferdes.

Der Arbeitstrab der Lösungsphase ist dabei wenig spektakulär. Reitet man nach der Lösungsphase jedoch Übergänge innerhalb einer Gangart, fangen manche Ponys an zu fliegen.

Kleines Trab-Lexikon

An den kurzen Seiten fängt man das Tempo dabei ein, indem man eine oder mehrere halbe Paraden gibt, sich aufrichtet und die Schenkel etwas anlegt. Das Pferd geht einen verhaltenen Arbeitstrab oder versammelten Trab.

In der zweiten Ecke der kurzen Seite geht man dann mit der Hand etwas nach vorne und treibt, je nach Pferd leicht oder energischer, abwechselnd mit dem inneren und äußeren Unterschenkel am Gurt. Das Pferd macht schwungvollere, raumgreifendere Trabtritte bis hin zum Mitteltrab.

▶ Finja steht beim Leichttraben auf, wenn das äußere Vorderbein vorgeht, und entlastet damit das innere Hinterbein.

▶ Nini genießt den flotten Trab. Marcel könnte die Beine beim Treiben lang lassen.

▶ Levke lässt Sir Henry an der langen Seite „zulegen". Vor der Ecke zur kurzen Seite fängt sie das Tempo wieder ein. Trabt sie „richtig" leicht? *

* Levke trabt auf dem „falschen Fuß"; Sie hebt sich im Sattel, während das linke Vorderbein nach vorne geht.

Anfangs sollte man beim Mitteltrab auf jeden Fall leichttraben. Bleibt man nämlich zu früh sitzen, lehnen sich viele Reiter mit dem Oberkörper nach hinten, um mit den Bewegungen des Pferdes mitgehen zu können. Dadurch behindert man aber die flüssigen Bewegungen des Pferdes, und Pferd und Reiter verspannen sich.

Leichttraben – gar nicht so leicht

Das Leichttraben ist die erste schwierige Übung in der Longenstunde. Der Reiter steht auf, wenn das äußere Vorderbein des Pferdes nach vorne geht und setzt sich hin, wenn das innere Vorderbein nach vorne geht.

Die Idee dabei ist, dass man das innere Hinterbein des Pferdes durch das Aufstehen entlastet.

Das „richtige" Leichttraben fließt auch in Reiterprüfungen mit in die Note ein. Allerdings ist es in manchen Ländern oder Reitweisen so, dass gar nicht oder, nach deutscher Sicht, auf dem falschen Fuß leicht getrabt wird. Und auch dafür gibt es gute Argumente.

▶ **Tipp:** Mehr übers Geländereiten auf S. 120, die Lösungsphase auf S. 94.

▶ Rosa trabt auf dem „falschen" Fuß leicht. Zwei Mal sitzen bleiben, dann stimmt es wieder, Rosa!

▶ Malte gibt Aron viel Zügelfreiheit, der verlängert schön seine Trabtritte.

◄ Eine etwas rabiate Hilfe zum Rückwärtsgehen. Hier muss man sich nicht wundern, wenn man zur Antwort in den Po gebissen wird.

▲ Rosa übt das Rückwärtsrichten zunächst vom Boden aus. Sie geht auf Trajan zu, sagt das Wortsignal „zurück" und tippt ihn mit der Gerte am Röhrbein an.

Vor und zurück

Rückwärtsrichten, also Rückwärtsgehen, soll genau wie der Trab diagonal und im Zweitakt erfolgen, ohne dass das Pony sich gegen einen ziehenden Zügel verspannt. Das Pferd soll flüssig, aber nicht eilig zurücktreten und sich jederzeit anhalten lassen.

Verspannte Pferde heben den Kopf an und machen eilige, breitbeinige Tritte oder gehen nicht diagonal rückwärts.

Hat das Pony noch nicht genau verstanden, was die Hilfen zum Rückwärtsrichten bedeuten, reißt es wahrscheinlich den Kopf hoch und das Maul auf. Dies tut es auch dann, wenn der Reiter glaubt, zum Rückwärtsrichten müsse man nur am Zügel ziehen.

Leicht soll es gehen!

Eigentlich sind die Hilfen zum Rückwärtsrichten genau die gleichen wie zum Anreiten. Man treibt mit beiden Schenkeln etwas hinterm Sattelgurt, als wolle man los-

reiten. Erst wenn man spürt, dass das Pony sich in Bewegung setzt, hält man am Zügel leicht gegen und leitet die Vorwärtsbewegung in eine Bewegung nach hinten um.

Manche Reiter heben dazu einfach nur ihre Hände ein wenig an und lassen sie sofort wieder sinken, wenn ihr Pferd das Gewicht nach hinten verlagert. Vielen Ponys fällt es leichter, rückwärts zu gehen, wenn sich ihr Reiter ein wenig nach vorne beugt und so ihren Rücken entlastet.

Schritt für Schritt vom Boden

Soll das Pony das Rückwärtsrichten erst lernen, bringt man ihm die Hilfen vom Boden aus mit Stimmsignal bei. Geht es dann am Boden flüssig zurück, hilft man ihm beim Übergang zum gerittenen Rückwärts.

Eine Person gibt weiter die Hilfen vom Boden aus, die zweite sitzt schon im Sattel. Erst nach diesen Vorübungen macht man sich ans Üben aus dem Sattel.

▼ Rückwärts durchs das Stangen-L ist eine beliebte Prüfungsaufgabe der Westernreiter.

▲ Finja fädelt sich rückwärts durch das Stangen-L. Noch muss Ute vom Boden ein wenig mithelfen.

▲ Finja lehnt sich nach vorne, um Katinkas Rücken beim Rückwärtsrichten zu entlasten. Die Unterschenkel hat sie zurückgenommen, damit Katinka nicht seitlich ausweicht.

Schaukel und Stangen

Geht das Pferd vom Boden und vom Sattel aus entspannt rückwärts, ist die „Schaukel" eine spannende und nützliche Folgeübung. Hier bewegt sich das Pferd erst eine Pferdelänge rückwärts, dann wieder vorwärts, dann wieder rückwärts. dann wieder vorwärts. Auch diese Bewegungsfolge für Fortgeschrittene übt man zunächst einmal vom Boden aus. Der bekannte Dressurtrainer Fritz Stahlecker übt dies mit seinen jungen Ausbildungspferden sogar in Freiarbeit!

Auch durch das Stangen-L kann das Pferd rückwärts geführt oder geritten werden. Es braucht schon viel Vertrauen des Fluchttieres Pferd, sich dabei nicht umzudrehen.

▶ **Tipp:** Mehr über das Rückwärtsrichten am Boden auf S. 37.

◀ Schon die ganz, ganz Kleinen können und lieben den Galopp. Schau dir die Fußfolge an. Was für einen Galopp springt das Konikbaby*?
*ddoleᵇsʇɥɔəꓤ

▲ Greta und Kimberly im Linksgalopp im Anflug auf das nächste Cavaletti.

Hopp, hopp, hopp, Pferdchen lauf ...

Der Galopp ist eine Gangart im Dreitakt. Ein locker und raumgreifend gesprungener, schwungvoller Galopp ist wohl die Lieblingsgangart der meisten Reiter.

Vor dem Angaloppieren macht man das Pferd mit einem „Klingeln" am Zügel, einer halben Parade, aufmerksam. Der innere Fuß bringt mehr Gewicht in den inneren Steigbügel.

Dann wird der innere Zügel etwas angenommen. Danach legt man den äußeren Schenkel etwas zurück und treibt mit beiden Unterschenkeln. Mit der Hand geht man sofort nach vorne, sobald man spürt, dass das Pferd anspringen will.

Halbe Parade, Bügeldruck auf den inneren Steigbügel geben, inneren Zügel annehmen, mit beiden Unterschenkeln treiben und innere Hand nach vorn nachgeben – das alles dauert im Normalfall ungefähr ein Augenzwinkern.

Trabt das Pferd nur schneller, anstatt anzugaloppieren, nimmt man das Tempo wieder zurück und versucht es noch einmal, diesmal mit deutlicheren und besser aufeinander abgestimmten Hilfen.

Wenn es hakt

Manchen Pferden fällt der Galopp schwer. Dies kann daran liegen, dass ihr Reiter dazu neigt, sich am Zügel

▲ Sir Henry in der Einbeinstütze des Linksgalopps. In der darauf folgenden Schwebephase berührt keiner seiner Hufe den Boden und er wölbt den Rücken schön auf.

▶ Zum Angaloppieren reitet Madita eine Volte im Schritt oder, wie hier, im Trab. Wenn sie auf die lange Seite zureitet, ist Henry schön gebogen und galoppiert richtig im Linksgalopp an.

◀ Trajan ist beim Galoppieren ziemlich heftig geworden. Rosa wendet auf eine Volte ab.

▲ Henry schlägt beim Angaloppieren mit dem Schweif. Schimpft er ein bisschen, weil Madita mit der Hand nicht weich genug nachgegeben hat, oder möchte er gern ungebremst losdüsen?

▲ Hier kann man Rosas äußeres Bein, das hinter dem Gurt liegt besonders gut erkennen. Der innere Zügel wird etwas zu stark und ziehend eingesetzt.

festzuhalten, um tief im Sattel sitzen zu bleiben. Besser wäre es, stattdessen mit einer Hand in die Mähne oder in den Sattel zu fassen.

Ein zu enger Sattel, der an der Schulter drückt oder zu wenig Widerristfreiheit hat, behindert den freien Galopp ebenfalls. Im Galopp greift das innere Vorderbein weit vor und die innere Schulter bewegt sich weit nach hinten. Dafür braucht sie Platz.

Schiefe Pferde schließlich springen häufig im Außengalopp an. Im korrekten Arbeitsgalopp springt das innere Vorderbein weiter vor als das äußere.

Versammelt, mittel oder im leichten Sitz

Der Arbeitsgalopp hat ein gut regulierbares Tempo, in dem sich auch Zirkel oder Volten reiten lassen. Der versammelte Galopp ist wesentlich langsamer. Das Pferd tritt weit unter und wirkt rund. Im Mittelgalopp wirkt das Pferd dagegen etwas länger und macht raumgreifendere Bewegungen.

Sowohl beim Springen, als auch im Gelände geht man im Galopp in den leichten Sitz. Dazu hebt man sich ein wenig aus dem Sattel, bei ruhigen Pferden mehr, bei schnellen Rennern weniger. Die Hände gehen vor in Richtung Pferdehals und ruhen links und rechts vom Mähnenkamm. Die Zügel werden in der Zügelbrücke gefasst, die dem Reiter Stabilität gibt.

▶ **Tipp:** Wie ein passender Sattel aussieht, erfährst du auf S. 73, mehr zum Galopp im Gelände findest auf S. 126, die Zügelbrücke auf S. 77.

▶ Katinka springt im Außengalopp an, sie soll aber in der Reitbahn im Innengalopp, hier im Linksgalopp, gehen. Da hilft nur Durchparieren und neu starten, am besten aus einer Biegung heraus.

◀ Marcel neigt dazu, sich rund zu machen, wenn er müde ist. Nini hätte es leichter, wenn Marcel mehr in der Bewegung mitgehen würde. Hilfreich ist es, zwischen den Pferdeohren hindurch nach vorne zu schauen und die Bügel fest auszutreten.

▼ Finja nach einem Sturz. Enttäuscht sieht sie Katinka an und die schaut intensiv zurück.

Der Reiter auf der Erde

„Das höchste Glück der Pferde ist der Reiter auf der Erde". Diesen Spruch habt ihr bestimmt schon einmal gehört oder selbst grinsend aufgesagt. Er ist ja auch lustig. Das Fallen gehört zum Reiten wie der Kern zur Kirsche und es ist völlig normal, dass man ab und zu vom Pferd fällt.

Manchmal reicht die Kraft einfach nicht für eine ganze Reitstunde aus, vielleicht, weil der Tag sowieso schon anstrengend war. Dann genügt ein ganz normaler Sprung übers Cavaletti oder ein erschreckter Seitwärtshüpfer des Ponys und schon kommt man ins Rutschen.

Reitersitz bei Stress oder Müdigkeit

Vielleicht merkst du selbst beim Reiten, dass du müde wirst oder dich verspannst. Wenn es möglich ist, solltest du in diesem Fall eine Schrittrunde am langen Zügel reiten und dich dabei strecken, auf den Hals des Ponys legen oder andere Bewegungsübungen machen.

Die meisten Reiter ziehen die Beine hoch, halten sich am Zügel fest und kippen ein wenig nach vorne oder nach hinten, wenn sie müde sind oder unter Druck geraten. Sie sitzen nicht mehr sicher und stabil im Gleichgewicht. Bewegungsübungen bringen sie schnell wieder zurück in ihre Mitte und damit fester in den Sattel.

Nach dem Sturz

Nach einem schweren Sturz sollest du auf keinen Fall sofort wieder aufsitzen. Im Schock, der nach so einem Sturz auftreten kann, merkst du vielleicht gar nicht, wie stark deine Schmerzen sind. Sanfte, gleichmäßige Striche entlang der Ohrmuschel helfen, aus einem Schock herauszukommen, denn damit wird der Kreislauf angeregt.

▶ Finja rundet die Schultern nach vorne. Dadurch sitzt sie im Trab nicht stabil und Katinka könnte ihr leicht die Zügel aus der Hand ziehen.

▲ Auch Malte wird im Galopp ein bisschen rund, wenn seine Kraft nachlässt. Hier zieht er die Absätze hoch, nimmt die Schultern nach vorne und lehnt sich nach hinten.

Nachdem man den Boden geküsst hat ...

Nach leichten Stürzen sitzen die meisten Reiter gleich wieder auf. Anders sieht es aus, wenn viel Angst oder Schmerz mit dem Sturz verbunden ist, zum Beispiel, weil das Pony im Gelände durchgegangen ist oder weil man schwere Prellungen oder sogar Brüche davongetragen hat.

Es ist normal, nach einem schweren Sturz oder einer gefährlichen Situation eine Zeit lang ängstlicher zu sein als vorher. Auch hier hilft es, immer wieder Schrittrunden zu reiten, in denen man sich durch verschiedene Bewegungsübungen entspannt. Nach und nach und Schritt für Schritt wird man mutiger und die Angst verliert sich wieder.

Eine sehr gute Idee sind Falltrainings mit Holzpferd und Matten, die in einigen Reitschulen, oft zusammen mit Karate-Lehrern, angeboten werden. Hier kannst du üben, dich im Falle eines Falles richtig abzurollen, sodass es nicht zu Verletzungen kommt.

▼ Marcel hat die Beine im Trab etwas hochgezogen und lehnt sich insgesamt etwas zu sehr nach vorne. Die Ellbogen sind nicht mehr angewinkelt.

▼ Levke lehnt sich im Galopp etwas zu sehr nach hinten und streckt die Arme. Dadurch sitzt sie nicht mehr im Gleichgewicht. Nicht schlimm! Wie sitzt du, wenn du müde bist?

▼ Rosa verspannt sich, als Trajan im Galopp ein schnelleres Tempo einschlagen möchte. Alle Fotos auf dieser Seite sind Beispiele dafür, dass jeder Reiter in manchen Momenten aus der Balance gerät.

Ingrid Klimke – Mannschaftsolympiasiegerin

Immer schon Pferdefreundin

Ingrid Klimke hat als Kind einer Reiterfamilie schon früh begonnen, sich mit Pferden zu beschäftigen und zu reiten. Dabei wurde sie von Anfang an vielseitig und auf hohem Niveau gefördert.

Dazu gehörte auch pferdefreundliches Verantwortungsbewusstsein. Auch Ingrid Klimkes Brüder reiten. Ihr erstes selbst ausgebildetes Pferd Patriot ging sowohl im Springen als auch Dressur bis in die schweren Klassen.

Der Vater: Dr. Reiner Klimke

Die Einstellung, ein Pferd möglichst vielseitig zu fördern, lebte Ingrid Klimkes Vater, Dr. Reiner Klimke, beispielhaft vor. Sein Pferd Ahlerich gewann Welt- und Europameisterschaften und olympisches Gold in der Dressur, er wurde aber auch im Gelände und über niedrige Sprünge trainiert.

Dr. Reiner Klimke starb 1999, aber er ist immer noch der erfolgreichste Reiter aller Zeiten mit den meisten Medaillen.

Vielseitig ausbilden

Als begeisterte Vielseitigkeitsreiterin bildet sie auch Pferde, die in Dressur oder Springen begabt sind, so vielseitig wie möglich aus. Ihre Trainingsmethoden stellt sie in einer DVD-Reihe und in zwei Büchern vor, die sie zusammen mit ihrem Vater geschrieben hat.

Mit ihren Pferden Robinsons Concord und Sleep Late kam sie in die Spitzengruppe der Vielseitigkeitsreiter und nahm im Jahre 2000 zum ersten Mal an den olympischen Spielen teil.

Spitzenpferde mit Spitznamen

Ingrid Klimkes Pferde haben Rufnamen.

Patriot: Pats
Robinsons Concord: Pony
Sleep Late: Blue
Butts Abraxxas: Braxxi

Tabasco: Tabbi
Dresden Man: Alfi
Und der Jack Russel Terrier
Lilofee wird Fee genannt.

Der Profi

Seit 1998 betreibt Ingrid Klimke einen Turniers-
stall mit zehn Pferden, die je nach Begabung in
Dressur, Springen oder Vielseitigkeit vorgestellt
werden. Mit im Stall stehen auch das Shetland
Pony Sir Barnaby und die edle kleine Schimmelstute Kimberly. Auf ihnen reiten Greta Klimke
und ihre Freundinnen – und eines Tages sicher
auch Philippa, Gretas kleine Schwester.
Unterstützt wird Ingrid Klimke von Carmen
Thiemann, die die Pferde liebevoll und einfühl-
sam betreut und auch das Stallmanagement
führt. Mit ihrem derzeitigen Spitzenpferd Butts
Abraxxas gewann Ingrid Klimke 2008 Olympisches Mannschaftsgold in Hongkong.

◄ Pfützen und Wasser scheinen keine gruselige Angelegenheit zu sein, wenn man selbst bestimmen kann, wann man sie betritt und wann nicht.

▲ Katinka und Finja genießen den abendlichen Ritt ins Wasser. Inzwischen ist Katinka ein zuverlässiges Führpferd, das anderen Ponys die Angst vorm Wasser nimmt.

Im Gelände: Freiheit und Abenteuer

Während man in der Reitbahn sozusagen im sicheren Rahmen sattelfest wird, lässt es sich nie so genau einschätzen, welche Abenteuer und Herausforderungen man im Gelände bestehen muss. Hubschrauber, Traktoren, Rasenmäher, Kinder auf Bobbycars, Pfützen, Regenschirme oder Gullydeckel – das Gelände bietet viel Abwechslung.

Abruptes Stehenbleiben aus dem Trab und der eine oder andere Hüpfer zur Seite sind typische Pferdereaktionen im Gelände. Die meisten Pferde machen sich in einer Gruppe von mindestens zwei Pferden weniger Sorgen über Schreckgespenster, als allein.

Scheuen

Wenn mein Pferd scheut, bitte ich einen Reiter auf einem ruhigen Führpferd um Hilfe. Das geht dann vorneweg und ich lasse mein Pferd hinschauen, auch schnuppern. Es kann auch nützlich sein, im Schulterherein an Stellen vorbeizureiten, die dem Pferd unheimlich sind.

Auch Freiheit braucht Regeln!

Bei Gruppenritten richtet man sich aus Sicherheitsgründen nach dem Können des schwächsten Reiters oder Pferdes. Gemischte Gruppen sieht man daher nur in Ausnahmefällen auch einmal im Galopp, denn für einen Gruppengalopp im Gelände brauchen Pferd und Reiter viel solide Geländeerfahrung.

Natürlich hält man auch im Gelände genügend Abstand zum Vorderpferd. Hier sind es sogar zwei Pferdelängen. Reitergruppen geben Kommandos und Informationen wie: „Auto von hinten" von Reiter zu Reiter weiter. Zum Anhalten oder Durchparieren in eine langsamere Gangart hebt der Anfangsreiter die Hand oder er gibt deutliche Stimmkommandos.

▲ Die Gruppe richtet sich immer nach dem schwächsten Reiter oder Pferd. Darf ein Pferd nur im Schritt geritten werden oder hat man Anfänger dabei, macht man eben einen Schrittausritt.

▲ Die Begegnung mit vermeintlichen Schreckgespenstern wie hier einer Plastikfolie kann auch bereits auf dem Platz geübt werden. Unsere Ponys haben sehr unterschiedlich reagiert.

▲ Auch beim Bergabreiten entlastet man den Pferderücken, indem man sich leicht nach vorne neigt.

▼ Sobald man zu zweit oder zu mehreren reitet, spricht man sich ab und verändert nicht im Alleingang das Tempo. „Sollen wir angaloppieren?" „Ja, okay!"

Und wenn es spukt?

Manche Pferde fürchten sich vor Kühen, andere vor Plastikplanen. Steht heute eine Bank an einer Stelle, an der vorher nichts stand, ist sie den meisten Pferden unheimlich. Auch Dorfbewohner, die Unkraut zupfend am Boden knien, können einem Pferd Sorgen machen.

Scheuende Pferde beruhigt man am besten dadurch, dass man selbst ruhig bleibt, sie ein wenig klopft und anschließend weitertreibt. Sind Pferd und Reiter durch genügend Bodenarbeit schon ein gutes Team, ist es in besonders brenzligen Situationen sicherer, kurz abzusitzen und sein Pferd an einem Hindernis vorbeizuführen. Am Boden ist ein Reiter in solchen Fällen sicherer als auf dem Pferd.

Also, ab ins Gelände erst nach Gelassenheitstraining, genügend Bodenarbeit und vielseitigem Reitunterricht.

▶ **Tipp:** Mehr über Scheu- und Gelassenheitstraining steht auf S. 46 und S. 48.

◀ Levke, Rosa, Finja, Malte und Marcel drehen nach der Reitstunde auf dem Platz noch eine Runde im Gelände. Die letzten zehn Minuten wird immer Schritt geritten.

▼ Manchmal empfiehlt es sich, zumindest im Schritt paarweise zu reiten. So können ängstliche Pferde beruhigt werden, indem man sie in die Mitte nimmt.

Vorausschau und Rücksicht

Im Gelände ist Rücksichtnahme innerhalb und außerhalb der Gruppe gefragt. An Fußgängern, Radfahrern, aber auch an Weidetieren reitet man grundsätzlich nur im Schritt vorbei. Begegnet man anderen Reitern, wartet man mit dem Antraben oder Angaloppieren, bis diese sich weit entfernt haben.
Insgesamt hält man Risiken so gering wie möglich und meidet zum Beispiel nasse Holzbrücken oder morastige Wege.

Getrabt oder galoppiert wird nur auf elastischem Untergrund. Vor uneinsehbaren Kurven pariert man durch. Auf Asphalt, Beton, Schotter und auf frosthartem oder durch Regen aufgeweichtem Boden wird aus Rücksicht auf die Pferdebeine nur Schritt geritten.

Und noch etwas zum Thema Rücksicht: Pferdeäpfel, die vor Haus- und Hofeinfahrten fallen gelassen werden, müssen nach dem Ritt selbstverständlich entfernt werden!

12 Gebote für das Reiten im Gelände

1 Verschaffe dem Pferd täglich ausreichend Bewegung unter dem Sattel und auch auf der Weide oder im Paddock.

2 Gewöhne dein Pferd behutsam an Straßenverkehr und Gelände.

3 Verabrede Ausritte gemeinsam mit Freunden, denn in der Gruppe macht es mehr Spaß und ist sicherer.

4 Sicherheit geht vor: Verzichte nie auf einen Reithelm. Wichtig ist auch der Versicherungsschutz für Pferde und Reiter.

5 Pflege Zaumzeug und Sattel und kontrolliere deren Zustand.

6 Informiere dich über gesetzliche Regelungen für das Reiten in Wald und Flur in deiner Region.

7 Meide Fuß-, Wander- und Radwege sowie Biotope.

8 Vermeide das Reiten auf aufgeweichten Wegen und passe das Tempo dem Gelände an.

9 Reite an anderen Menschen immer nur im Schritt vorbei und sei dabei freundlich und hilfsbereit.

▲ Im Herbst und Winter wird es früh dunkel. Reiter und Pony sind mit Leuchtwesten, Bandagen, Decken oder anderem Zubehör aus lichtreflektierendem Material gut zu erkennen.

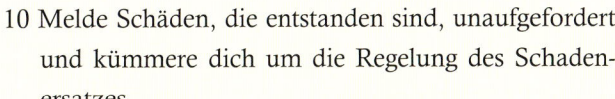

▲ Vor dem Überqueren einer Straße hält die ganze Gruppe an. Damit kein Pferd zurückbleibt, wechseln alle gleichzeitig die Straßenseite.

▲ Um die weitere Strecke zu besprechen, zum Nachgurten oder aus vielen anderen Gründen muss auch in der Gruppe jederzeit durchpariert werden können. Für manche Ponys gar nicht so einfach!

10 Melde Schäden, die entstanden sind, unaufgefordert und kümmere dich um die Regelung des Schadenersatzes.

11 Sprich andere Reiter und Fahrer auf mögliches Fehlverhalten an.

12 Mach dich praktisch und theoretisch fit fürs Geländereiten, z. B. mit dem FN-Abzeichen Deutscher Reitpass, das ist der sogenannte „Gelände-Führerschein" für Reiter.

Verkehrsregeln für Reiter

• Reiter werden in der Straßenverkehrsordnung den sogenannten langsamen Fahrzeugen gleichgestellt.

• Reiter benutzen den äußerst rechten Fahrbahnrand auf der rechten Straßenseite.

• Das Gebotsschild (blaues Schild mit weißem Reiter) kennzeichnet ausschließlich Reitern vorbehaltene Wege.

• Das allgemeine Schild „Durchfahrt verboten" gilt nicht für Reiter oder Pferdeführer. Erst mit dem schwarzen Symbol eines Reiters gilt dies Verkehrszeichen als ausschließliches Reitverbot.

• Richtungsänderungen sind mit Handzeichen anzuzeigen.

• Bei Dämmerung und Dunkelheit müssen Reiter auf öffentlichen Wegen und Straßen ausreichend beleuchtet sein.

• Mehrere Reiter (sechs bis zwölf Pferde) können einen geschlossenen Verband bilden, indem sie sich in Zweierreihen formatieren. Vorteil: Ruhigere, erfahrene Pferde, die auf der linken Seite gehen, können ängstlichere oder unerfahrene Pferde gegen den Verkehr abschirmen.

▶ **Tipp:** Regeln in der Reitbahn siehe S. 90

◄ Greta reitet Kimberly ohne Sattel und am langen Zügel zum Paddock. So können beide noch ein wenig entspannen.

Schritt im Gelände

Schrittphasen

Vor dem Aufsitzen im Gelände sollte das Pferd eine Weile geführt werden. So kann man noch vom Boden aus bequem nachgurten.

Wie auch in der Halle, so wird auch im Gelände zunächst einmal mindestens zehn Minuten lang Schritt geritten, damit das Pferd sich aufwärmt und löst. Der Zügel ist dabei so lang wie möglich. Da sich Ponys und Pferde im Gelände mitunter auch vor aufflatternden Vögeln erschrecken, lässt man die Zügel zwar lang, ist aber jederzeit bereit zum Nachfassen.

Auch im Straßenverkehr, bei Begegnungen mit Spaziergängern, anderen Pferden oder Kühen sowie auf hartem oder rutschigem Untergrund wird Schritt geritten.

In der letzten Viertelstunde eines schnelleren Rittes reitet man wieder Schritt am langen Zügel.

Peppige Ideen

Auch wenn man vielleicht nur wenige Geländestrecken zur Auswahl hat, so lassen sie sich doch problemlos aufpeppen.

Während der Schrittphase kann jeder Reiter eine Übung vorschlagen, wie zum Beispiel beide Zügel in eine Hand nehmen, einen Arm hoch strecken, im Schritt in die Bügel stellen, ein Lied singen, rechte Hand zum linken Knie führen. Wichtig ist dabei nur, Übungen so auszuwählen, dass man jederzeit auf ein plötzliches Scheuen des Pferdes reagieren kann. Rechte Hand zum linken Fuß wäre also beispielsweise eine unpassende Übung.

Übungen im Gelände

Nach der Lösungsphase kann die ganze Gruppe zum Beispiel immer mal wieder Volten oder Schlangenlinien einbauen. Oder der jeweils letzte Reiter pariert sein Pferd zum Halt durch, die anderen reiten eine kurze

◀ Trajan und Sir Henry haben ein ähnliches Schritttempo. Levke und Rosa können entspannt nebeneinander reiten. Aber Vorsicht, auch beim Plauschen immer aufs Pony konzentrieren!

▼ Malte wartet mit Aron, während die Gruppe wegreitet. Eine nützliche Übung nicht nur für den Notfall.

Strecke im Schritt oder im Trab, dann trabt der letzte Reiter an, überholt die Gruppe und setzt sich selbst an die Tete.

Dies wird so lange wiederholt, bis der ursprüngliche Tetenreiter wieder vorne ist. Oder der erste Reiter reitet eine Kehrtvolte und setzt sich ans Ende der Gruppe. Nach und nach folgen die anderen Reiter, bis der Erste wieder ganz vorn ist. Zulegen im Schritt oder im Trab und bei fortgeschrittenen Reitern und Pferden auch im Galopp, Durchparieren vom Trab zum Halten oder vom Galopp in den Schritt sowie anschließendes antraben oder angaloppieren sind anspruchsvolle Übungen.

Für den Notfall

Auch das Wegreiten eines Einzelnen von der Gruppe kann geübt werden. In Notfallsituationen kann es wichtig sein, dass das Pony gelernt hat, seinen Herdentrieb zu überwinden und sich von der Gruppe zu trennen.

▼ Malte trabt mit Aron an den anderen vorbei und setzt sich an die Spitze. Gut gemacht! Erst traben wir eine Runde mit Aron als Tetenpony, dann ist Nini dran.

In der Konikherde wird eher selten galoppiert. Hauptgangart ist der Schritt. Nur im Spiel oder bei Auseinandersetzungen galoppieren die Ponys.

Marcel galoppiert begeistert im leichten Sitz. Nini fühlt sich wohl dabei!

Trab und Galopp

Im Trab lassen sich lange Geländestrecken problemlos überwinden, dabei immer leicht traben. Da man dazu neigt, auf dem „bequemeren" Fuß leicht zu traben, sollte man immer mal wieder den Fuß wechseln, also zwei Mal sitzen bleiben. Andernfalls wird das schwächere Hinterbein des Ponys oder Pferdes immer schwächer.

Auch im Trab lässt sich das Tempo verändern. Man kann einen gemäßigten Arbeitstrab reiten, aber man kann sein Pony auch mal im Trab abfliegen lassen. Im Gelände fällt der Mitteltrab oft sehr schwungvoll aus!

Abheben im leichten Sitz

Geländegalopps lassen sich üben. Kurze Strecken bergauf, kurze Galopps hinter Ponys, die schnell vorweg traben könnten erste Möglichkeiten sein, den Galopp zu üben. Auch in der Bahn galoppieren ungeübte Reiter zuerst einfach nur auf. Von ausgesprochenen Galoppstrecken ist dringend abzuraten. Natürlich sind einige Wege einfach ideal zum Galoppieren. Aber gerade dort solltest du ab und zu Schritt reiten, damit dein Pony nicht auf Galopp programmiert ist, sobald es eine bestimmte Wegstrecke sieht!

Auch auf den letzten Metern vor Stall oder Weide ist es absolut tabu, zu galoppieren. Der Herdentrieb ist stark und die Gefahr, dass das Pony sich nicht mehr kontrollieren lässt und durchgeht, ist groß.

Am leichtesten regulierbar ist der Galopp, wenn es leicht bergauf geht. Im Galopp geht man auch im Gelände in den leichten Sitz. Man hebt sein Gesäß aus dem Sattel und stützt die Hände links und rechts am Mähnenkamm ab. Bei temperamentvolleren Pferden behält man den Sattelkontakt bei und verlagert nur das Gewicht über die Hände am Mähnenkamm weiter nach vorn. Der leichte Sitz ist bequem und kann, wenn man darin geübt ist, auch einmal eine Viertelstunde lang beibehalten werden, ohne dass man ermüdet.

◀ Malte und Marcel galoppieren mit ihren Ponys den Hang hinauf. Das ist ein super Training für die Hinterhand und für die Ponys ganz schön anstrengend.

▲ Gruppengalopps sind nur in Gruppen mit fortgeschrittenen Reitern und Ponys ratsam. Auch hier kann man erkennen, dass einige Ponys nichts dagegen hätten, richtig loszudonnern.

Galoppverbot für Durchgänger

Hat das Pferd zu wenig Bewegung, ist es heftig oder sehr schreckhaft, so kann es vorkommen, dass es im Galopp plötzlich enorm beschleunigt und den Reiter im Sattel gar nicht mehr wahrnimmt. Das ist gefährlich und fühlt sich auch so an. Pferde, die zum Durchgehen neigen, sollten einige Monate lang gar nicht im Gelände galoppiert werden.

Wenn das Pferd zu schnell wird, hilft es, sich tief in den Sattel zu setzen, die Zügel nachzufassen, mit einer Hand in die Mähne oder in den Sattel zu greifen und mit der anderen immer wieder Paraden zu geben. Auch ein Balanceriemen um den Hals kann heftige Pferde beruhigen.

Oftmals sind sie durch ungezügelte Gruppengalopps erst heiß gemacht worden. Außerdem sollten die Haltungsbedingungen geändert und Ursachenforschung be-

Keine Panik!

Wenn ein Pony durchgeht, ist es ist schwierig, einen guten Tipp zu geben. Am wichtigsten ist, dass man selbst keine Panik bekommt. Also: Ruhig atmen, mit einer Hand in die Mähne fassen, die Bügel nach vorne austreten und fest im Sattel einsitzen. Immer wieder halbe Paraden geben, aber keinesfalls an beiden Zügeln fest und unnachgiebig ziehen.

trieben werden. Hat das Pferd vielleicht Schmerzen und ist daher so kopflos? Ist es insgesamt schlecht geritten und wenig durchlässig? Passt der Sattel nicht?

▶ **Tipp:** Mehr über den Trab auf S. 110, Sattelcheck auf S. 73

Die Konikstute klettert durch einen ausgetrockneten Wassergraben. Ihr Fohlen lernt so natürliche Hindernisse kennen und folgt der Mutter ohne Angst.

▲ Zum Vielseitigkeitstraining gehört es, natürliche Geländehindernisse wie einen Wall zu überwinden.

Hindernisse im Gelände

Neben gruseligen Gullydeckeln oder furchterregenden Plastikplanen bietet das Gelände Hügel und Berge zum Hochgaloppieren und Gräben und kleine Baumstämme für niedrige Sprünge.

Bergauf geht der Reiter in den leichten Sitz und verlagert so seinen Schwerpunkt nach vorn, genau wie das Pferd. Auch bergab beugt man sich leicht nach vorn. Nur beim Sprung bergab verhält man sich anders. Beim sogenannten Sicherheitssitz bleibt der Oberkörper aufrecht und die Schenkel liegen vorne und fest am Pferd. Das Gewicht wird in die Bügel verlagert, um in der Landung dem Pferd nicht in den Rücken zu fallen.

Nach vorn denken

Gräben und andere kleine Naturhindernisse überwindet man anfangs am besten hinter einem sicheren und erfahrenen Pony oder Pferd. Genau wie im Geländegalopp geht man beim Überspringen kleiner Sprünge in den leichten Sitz, treibt vorm Absprung und gibt dem Pony genügend Zügelfreiheit, sodass es überm Sprung seinen Hals als Balancierstange benutzen kann. Ansons-

▶ Sir Henry springt gern und hat in Springprüfungen schon Schleifen in allen Farben gewonnen. Hier nimmt er die strahlende Levke mit über einen Steilsprung.

▼ „Huch, das lag doch vorher noch nicht hier?"
Trajan darf sich die Stange an ungewohnter
Stelle zuerst einmal in Ruhe ansehen.

▲ Katinka weiß nicht genau, wie hoch diese Stange eigentlich ist.
So macht sie sicherheitshalber einen riesigen Satz und Finja hat es
schwer, mit der Bewegung mitzugehen.

▲ Greta springt über zwei Cavaletti und
wechselt zwischendurch die Hand. Schön
dynamisch!

▲ Malte und Aron schauen schon zum nächsten Sprung. Wie hoch
der wohl ist?

ten überm Sprung immer nach vorn denken und dabei
zwischen den Ohren des Pferdes hindurch dahin schau-
en, wo es als Nächstes hingehen soll!

Halali: Jagdreiten

Manche ländlichen Reitvereine bieten im Herbst, wenn
die Getreidefelder abgeerntet sind, traditionelle Reitjag-
den an. Im Trab und Galopp geht es dabei über niedrige
oder auch anspruchsvollere Geländehindernisse.
Häufig wird in zwei Gruppen geritten, in einer reiten
die Reitjagd-„Profis", in der anderen die weniger Geübten, die auch mal einen Sprung auslassen möchten.
Schon das Zuschauen macht großen Spaß, das Mitrei-
ten jedoch ist unvergleichlich!

Reiterralleys

Andere Reitvereine organisieren zum Teil schon seit
Jahren fantasievolle Reiterralleys, bei denen meist im
Gelände, manchmal auch auf dem Platz witzige Aufgaben gelöst werden müssen. Auch bei den Reiterralleys
gilt: Zuschauen ist toll, mitmachen aber toller!

Cavaletti-Training

Das Reiten über Cavaletti ist eine gute
Übung für junge Reiter. Volten, Kehrtwendun-
gen, Schlangenlinien und Achten lassen so viele Ideen
für abwechslungsreiche Figuren zu!
Greta springt gerne über Cavaletti! Sie und Kimmi werden
dabei schön locker und haben Spaß.

Cavaletti springen

Cavatelli oder Cavaletti?

Marcel mag Makkaroni, Malte mag Rigatoni, Clara mag Tortellini, Levke mag Cavatelli, Finja mag Quadretti, Rosa mag Spaghetti und Ingrid Klimke mag Cavaletti.

Auch wenn man Cavaletti nicht essen kann, so können sie doch genauso glücklich machen wie die mindestens 100 Nudelsorten, die man in Italien kennt. Und wie Nudeln, so sind auch Cavaletti sehr vielseitig und immer wieder anders einsetzbar.

Gymnastik für alle

Bei Ingrid Klimke bereichern sie nicht nur das Spring- sondern auch das Dressurtraining junger und erfahrener Pferde und Reiter. Reiten soll Pferd und Mensch vor allem Freude bereiten, findet sie. Damit auch Dressurpferde eine Chance haben, locker zu werden und nicht vor Langeweile zu verkümmern, stellt Ingrid Klimke ihnen nach einer ausgiebigen Lösungsphase immer wieder neue Cavaletti-Aufgaben.

Und Spaß kann man mit Cavaletti wirklich haben, wenn man einige Dinge beachtet. Denn auch der tollste Spaß sollte fair und sicher für alle Beteiligten sein.

Vorsicht, Abstand halten

Klassische Cavaletti, oder auf Deutsch Bodenricks, lassen sich in drei verschiedenen Höhen und den verschiedensten Mustern aufstellen. Die Abstände zwischen den Cavaletti richten sich danach, in welcher Gangart man sie überwinden möchte.

Im Schritt beträgt der Durchschnittsabstand beim Pferd 80 cm, im Trab 1,30 m und im Galopp 3,00 m. Aber Vorsicht: Dies sind Durchschnittswerte, die nicht nur für Ponys individuell verändert werden müssen, damit Pony oder Pferd auch wirklich vertrauensvoll losmarschieren.

Schritt bis Galopp

Schon beim Warmreiten im Schritt können die Cavaletti mit einbezogen werden, in der Lösungsphase kann auf geraden Linien über sie getrabt werden. Nach gründlichem Lösen kann man sich daran wagen, ein Cavaletti-L aus zwei Cavaletti in Form der Acht zu überwinden.

Diese anstrengende Übung darf fünf Minuten dauern – aber nicht wesentlich länger. Für regelmäßiges Cavaletti-Training lohnt es sich, sechs bis acht Bodenricks zur Verfügung zu haben.

◀ Plantschen macht Spaß! In der insektenreichen Zeit oder bei großer Hitze genießen die Ponys ein kühles Plantschbad an der Wasserstelle.

▼ Aus dem Wasser heraus traben oder galoppieren bringt Spaß … und nasse Reithosen!

Herausforderung Wasser!

Viele Ponys zögern, bevor sie ins Wasser marschieren. Sie wissen ja nicht, wie tief das Wasser ist und ob der Untergrund sie trägt.

Bevor man ins Wasser reitet, sollte das Pony gelernt haben, über verschiedene Untergründe zu gehen, beispielsweise über Plastikfolien und Gullydeckel.

Mit Führpferd voran

Wenn eines meiner Pferde neue Situationen kennenlernen soll, haben wir immer ein unerschrockenes, braves Führpferd dabei. Auf diese Weise lernen Jungpferde zum Beispiel ohne Stress ins Wasser zu gehen oder über Hindernisse zu springen. In schwierigen Situationen füttern wir auch zur Belohnung.

An einem heißen Tag, bei richtigem Badewetter, mögen viele Ponys lieber ins Wasser gehen als an kühlen Tagen. Genau wie ihr Reiter sollten sie dabei so wenig anhaben wie möglich.

Und rein ins kühle Nass!

Manche Ponys folgen ihrem Menschen ins Wasser, wenn er vorausgeht. Andere folgen lieber einem anderen, badebegeisterten Pony ins Nass.

Zunächst einmal genügt es, zögerliche Ponys ans Wasser heranzuführen und sie daran schnuppern oder sogar daraus trinken zu lassen. Sind sie gar zu ängstlich, kann ein zweiter Mensch sie von hinten mit der Stimme oder leichtem Antippen mit einer Gerte zum Vorwärtsgehen bewegen.

Am Wasser dürfen sie zuschauen, wie ein anderes Pony ins Wasser geht.

Schließlich werden sie entweder hinter dem anderen Pony ins Wasser geführt oder sogar hineingeritten. Nun beginnt der eigentliche Spaß.

▶ Das Führen über Plastikplanen ist eine gute Vorbereitung für den ersten Ritt in die Fluten.

◀ Auch dies ist eine nützliche Übung, um die Gelassenheit des Ponys zu trainieren. Sir Henry geht zwischen den Planen hindurch. Danke, liebe Ponyeltern!

▲ Katinka trinkt in Ruhe aus dem sauberen Fluss. Sie fühlt sich sicher.

Seepferdchen ahoi!

Je nach Badestelle kann man längere Strecken im flachen Wasser traben oder, wenn die Strömung nicht zu stark ist, etwas tiefer ins Wasser hineinreiten und schwimmen.

Wie schwimmt man denn mit dem Pferd? Entweder bleibt man auf ihm sitzen und hält sich in der Mähne fest. Oder man gleitet im Wasser neben das Pferd, greift in die Mähne und lässt sich ziehen. Vorsicht: Sowohl die Vorder- als auch die Hinterhufe greifen beim Schwimmen weit aus!
Schnelle Reaktionen sind gefragt, wenn das Pony im Wasser stehen bleibt und anfängt, zu scharren. Als nächstes wird es sich nämlich ins Wasser fallen lassen. Hier hilft nur energisches Treiben!

Viele Ponys und Pferde traben oder galoppieren ziemlich begeistert aus dem Wasser heraus. Auch darauf sollte man gefasst sein.

Vorsicht Hilfszügel

In den Schlaufen von Hilfszügeln, auch von Martingals, können sich die Vorderhufe des Ponys gefährlich verfangen – bitte alle Hilfszügel unbedingt vorher abschnallen! Auch die Zügelschnallen sollten vor dem Schwimmen geöffnet werden.

Wasserscheu überwinden

Als wir sie bekamen, ging Katinka noch nicht ins Wasser. Dann ging meine ältere Schwester Lisa mit ihr auf einen Wanderritt. Es war sehr heiß. Die Wanderreiter machten an einem kleinen Fluss Pause und führten die Ponys ans Wasser.
Erst hat Katinka nur getrunken, aber nach und nach ging sie immer tiefer ins Wasser. Inzwischen macht es ihr richtig Spaß, zu baden und anderen Ponys zu helfen, sich ins Wasser zu trauen. Wir finden das natürlich toll!

◀ Um seinen schweren Kopf nicht tragen zu müssen, stützt das Fohlen sein Kinn aufs Gras. Pferde stützen gerne den Kopf ab, auch auf der Schulter ihres Menschenfreundes.

▲ Marcel lässt Nini trinken. Nach einem anstrengenden Ritt achtet er darauf, dass sie nicht den ganzen Eimer auf einmal aussäuft, denn das kann zu einer Kolik führen.

Ruhe nach dem Ritt

Pferdeunerfahrene Menschen verstehen oft nicht, dass man vor und nach dem Reiten noch einmal genauso viel Zeit einplanen muss wie für das Reiten selbst. Ein Pony lässt sich nicht wegstellen wie ein Fahrrad.

Auch wenn es ausnahmsweise einmal schnell gehen muss und kann, ist es ja auch schön, wenn man sein Pferd nach einem Ritt in Ruhe versorgt. Es ist eine gute Möglichkeit für uns Menschen, uns dafür zu bedanken, dass unsere Pferde uns so freundlich durch die Weltgeschichte tragen.

Versorgen und Vorsorgen

Es gibt einiges zu tun. Trense und Sattel müssen gesäubert und weggebracht werden. Die Pferdehufe müssen sorgfältig ausgekratzt werden. Kleine Steinchen im Hufhorn könnten sonst zu Druckstellen, Hufabszessen und Lahmheiten führen.

Beine und Rücken des Pferdes untersucht man am besten mit der flachen Hand auf warme Stellen, kleine

Schwellungen oder Verletzungen, bevor man das Pferd noch einmal abbürstet. Warme Stellen oder Schwellungen an den Beinen können Vorboten von Entzündungen sein.

Schwellungen in der Sattellage entstehen oft, wenn der Sattel nicht richtig passt oder wenn die Satteldecke verrutscht ist.

Draußen mit Freunden

Mehr als zehn Stunden, also einen knappen halben Tag, sollte man ein Pony oder Pferd nicht in eine Box sperren. In seiner Freizeit sollte sich jedes Pony oder Pferd zusammen mit anderen Ponys oder Pferden frei bewegen können, denn es braucht Pferdegesellschaft und freie Bewegung, um gesund und zufrieden zu bleiben.

▶ Rosa untersucht Katinkas Rücken, vor allem die Sattellage und ihre Beine mit beiden Händen auf warme Stellen und Schwellungen. Ein wichtiger Teil der Vorsorge.

◀ Nach dem Ritt müssen die Hufe auf Steinchen untersucht und gut ausgekratzt werden. Kein Problem für Nini und Marcel.

Wasser, Massagen und wärmende Decken

Im Sommer werden Beine und Rumpf zur Erfrischung mit dem Schlauch abgespritzt oder das Pony wird abgeschwammt, also an schwitzigen Stellen mit einem Schwamm erfrischt.

Im Winter deckt man das Pony spätestens nach dem Reiten für einige Stunden mit einer Abschwitzdecke ein, damit die erwärmte Muskulatur nicht zu abrupt abkühlt. Nach einem längeren Ritt braucht das Pony Wasser – aber es soll andererseits nicht zu viel auf einmal trinken, sonst könnte es eine Kolik bekommen. Ein halber Eimer voll Wasser genügt fürs Erste.

Auch eine schöne Massage tut dem Pony nach einem längeren Ritt gut. All das braucht Zeit.

Im Sommer kann man eine Plastikflasche mit Essigwasser, dem einige Spritzer ätherische Öle beigefügt wurden, mit zur Weide nehmen und das Pony nach dem Reiten damit abschwammen.

Ist das Pferd versorgt, braucht es freie Zeit mit seinen Freunden, Bewegung und Futter. Und erst dann haben auch wir frei.

▶ **Tipp:** Mehr über Gesundheitsvorsorge liest du auf S. 28.

Ende gut, alles gut!

Es ist eine Kunst, eine Reitstunde so zu beenden, dass Pony und Reiter zufrieden sind. Man sollte immer mit einem guten Gefühl aufhören und sein Pony mit einem ehrlichen „Danke" absatteln können.

Hat eine neue Übung vielleicht nicht so gut geklappt, macht man zum Abschluss einfach etwas, von dem man sicher sein kann, dass es gut gelingt.

Springreiten einmal anders

Sportstafette „Jump and Run"

Hin und wieder sieht man diese Prüfung auch schon auf ganz „normalen" Vereinsturnieren. Man startet zu dritt. Zuerst springt das Pferd-Reiter-Paar einen kleinen Parcours. In Bad Segeberg waren sechs Sprünge mit einer Höhe von etwa 60 Zentimetern zu überwinden.

Nach dem letzten Hindernis überreicht der Reiter seine Springgerte einem Läufer, der den gleichen Parcours zu Fuß meistert, und zwar so schnell wie möglich, denn gewertet werden die Fehler und die Zeiten der drei Sportler.

Springen als Lebenselixier

Malte hatte die Sportstafette zusammen mit seinem Freund Mirko genannt.

Seine Familie, Freunde und sein Fan-Club mit Levke, Marcel, Rosa, Clara, Ute und nicht zuletzt Horst drückten am Rand die Daumen oder wie Horst, den Auslöser der Kamera.

Und los!

Schon beim Einreiten konnte man gut sehen, dass Malte und Aron hier voll in ihrem Element waren. Konzentriert und in rasantem Tempo sausten sie in schönster Manier über die Sprünge. Zum Glück hat Malte ja Erfahrung in Springprüfungen. Neulingen passiert es in dieser Prüfung nämlich durchaus einmal, dass sie in der Aufregung die richtige Reihenfolge der Sprünge vergessen!

Hurra!

Nach dem letzten fehlerfreien Sprung stellte Mirko seine sportlichen Fähigkeiten unter Beweis und sprintete kraftvoll und in Bestzeit über die bunten Stangen. Dass er ordentlich Sprungkraft hat, beweisen Horsts Fotos.

Fazit: Für uns war „Jumper Boys" ganz klar der Gewinner der Prüfung, auch wenn es am Ende nur für den 5. Platz gereicht hat!

Tschüss!

Als ich vor ungefähr 30 Jahren ein Jahr lang im Stall des damaligen Landesmeisters im Springen arbeitete, ging es schon morgens beim Frühstück vor allem darum, dass es den Pferden gut gehen sollte.

„Lass Montara zusammen mit Malibu raus, die mögen sich. Nimm Checkup mit an die Ostsee, der braucht mal ein bisschen Wind um die Nase."

Jedes Pferd hatte ein Pflegemädchen, das mit ihm an der Hand grasen ging. Zwei große Holsteiner Schulpferde spazierten den ganzen Tag frei übers Hofgelände und mussten gelegentlich aus fremden Vorgärten geholt werden.

Und alle Pferde, auch die Hengste, verbrachten einen Großteil des Tages möglichst zusammen mit Freunden an der frischen Luft.

Die Persönlichkeit von Ponys und Pferden spielt nicht nur im Hochleistungssport eine wichtige Rolle. Leistung bringen Pferde nur, wenn sie rundum gesund und zufrieden sind. Dann sind sie so eigensinnig und lebendig, so schwungvoll, mutig, überraschend, schön und manchmal auch wild, wie ein Lebewesen nur sein kann. Und genau dafür lieben wir unsere Ponys und Pferde – und das Reiten!

Deine Ute

Adressen

Pony- und Pferderassen

Alle Pony- und Pferderassen haben allgemeine und andere Seiten, auf denen sich Gestüte vorstellen, die diese Rasse züchten. Eine schöne allgemeine Seite zur Rasse Shetland Pony ist **www.shetty.de**, alles über Haflinger findest du auf **www.haflinger-online.de**.

Die Pferdestammbücher sind ein Zusammenschluss von Züchtern der einzelnen Bundesländer. Jedes Bundesland hat mindestens einen solchen Verband, manchmal auch für Pferde und Ponys getrennt.

Unter **www.pferdezucht-rheinland.de** werden zum Beispiel Gestüte, Termine, Verkaufspferde und Wissenswertes aller Pferde- und Ponyrassen des Rheinlands vorgestellt, unter **www.ponyverband.de** findest du die hessischen Pony- und Pferdezüchter.

Die meisten Bundesländer haben eigene Landgestüte. Unter **www.sbhlg.org** findest du zum Beispiel das brandenburgische Landgestüt in Neustadt Dosse.

Reitsport

Die Pferdesportverbände sind ein Zusammenschluss der Reitvereine der einzelnen Bundesländer. Alle unterschiedlichen Disziplinen und hier vor allem die Ausbildung und Jugendarbeit sind ein wichtiger Schwerpunkt ihrer Arbeit. Vom Norden …

www.pferdesportverband-sh.de für Schleswig-Holstein,
www.psvwe.de für Weser-Ems,
www.pferdesportverband-mv.de für Mecklenburg-Vorpommern
… bis zum Süden …
www.pferdesport-bw.de für Baden-Württemberg gibt es viele Seiten!

www.pferd-aktuell.de Die FN ist die Deutsche Reiterliche Vereinigung. Die Seite ist spannend und bietet viele Informationen für Reiter, die beruflich oder in ihrer Freizeit Turniere reiten oder fahren. Auch Western- und Distanzreiter sind hier vertreten. Unter „**FN-Kids**" gibt es eine Jugendseite.

www.vdd-aktuell.de Der Verein deutscher Distanzreiter und -fahrer bietet interessierten Einsteigern Schnupperritte und Geübten organisierte Langstreckenritte an.

www.buschreiter.de Interessante Neuigkeiten aus dem Vielseitigkeitssport.

www.mounted-games.de Spannendes zum Turbo-Reitsport Mounted Games.

www.vfdnet.de Freizeit-, Gelände- und Wanderreiter sind im Verein der Freizeitreiter Deutschlands organisiert. Der VFD macht auch Jugendarbeit und bietet interessante Workshops an, vertritt die Interessen von Reitern in der Natur und veranstaltet unter anderem Breitensportturniere.

Ausbildungsmethoden und Trainer

www.tteam.de Hier wird die Arbeit von Linda Tellington-Jones erklärt und man findet Termine von Lehrern, die in dieser Methode ausgebildet sind.

www.aniam.de Auf dieser Seite geht es um Tellington-Training mit Kindern.

www.pferdefluestern-fuer-kinder.com Eine schöne Seite für Kids von Andrea und Markus Eschbach.

www.klimke.org Ingrid Klimkes Website

www.uteochsenbauer.de Ute Ochsenbauers Website

Pferdezeitschriften

Alle gängigen Pferdezeitungen sind auch im Internet zu finden, beispielsweise

www.st-georg.de, **www.mein-pferd.de**,
www.pegasus-fs.de

Manche Pferdezeitungen gibt es nur online.

www.fluesti.de ist eine der spannendsten.

Register

Abteilung 91, 92, 120
Abwenden 79
Acht 98
Anbinden 12
Angaloppieren 114
Anhalten 78, 100
Anmutiger Gepard 38
Appell 58
Atmung 28
Aufhalftern 11
Aufsatteln 70
Aufsteigen 72
Aufwärmen 56
Ausrüstung 68

Bahnfiguren 92, 96
Bahnpunkte 94
Balance 74, 82
Begrüßung 8
Biegen 79, 107
Bodenarbeit 33, 34
Breitensportturnier 53
Bremsen 78
Brieftauben 40

Cavaletti-Training 129, 130

Durchgehen 127

Eleganter Elefant 36
Entspannung 24
Falltraining 116
Fell 29
Fellmuster 23
Fieber 29
Flechtfrisuren 24
Fluchttier 8, 12, 15
Folien 48
Freies Training 62, 64
Führen 11, 36, 38
Führen zu zweit 40
Führleine 34
Führpferd 120
Führseil 10

Galopp 114, 126
Ganze Bahn 94
Gasse 42
Gelände 120

Gelassenheitsprüfung 52
Gerte 34, 69
Geschicklichkeit 51
Gleichgewicht 74, 82
Grasen 15
Gurtzwang 70

Halfter 34
Halsring 86
Hände 76
Handschuhe 35, 69
Hengste 36
Herde 14, 44
Hilfengebung 78, 87
Hilfszügel 133
Hindernisse 128
Hosen 68
Hufe 20
Hufschuhe 21

Jagdreiten 129
Jungpferde 45

Karabinerhaken 11
Kardätsche 17
Klimke, Ingrid 118
Kolik 29
Körpersprache 44, 54
Krankheiten 28

Labyrinth 43
Lama-TTouch 26
Lärm 46
Lecken der Kuhzunge 26
Leckerli 10, 101
Leichter Sitz 74, 126
Leichttraben 111
Leitpferde 44
Longieren 54, 56, 58
Losgelassenheit 94
Lösungsphase 92, 94

Mähne 18, 24
Mähnenspray 22
Massage 26, 135

Nachgurten 72
Noahs Marsch TTouch 27
Notfall 125

Paraden 100
PAT-Werte 28
Pferdeäpfel 29
Pferdebox 10
Pferdeknoten 13
Pferdelänge 90
Puls 28
Putzen 16, 18

Quadrille 85

Ralley 53
Regeln im Gelänge 122
Regeln Reitbahn 90
Regenschirm 48
Reiterralleys 129
Reithelm 68
Rückenschmerzen 31
Rückwärts 27, 112

Sättel 71
Sattelcheck 31, 72
Satteln 70
Scharren 12
Schaukel 113
Schenkelweichen 109
Scheuen 120
Scheutraining 46, 48
Schiefe 40
Schlangenlinien 99
Schmerzen 28
Schnurrbart 19
Schritt 102, 124
Schulterherein 108
Schutzwesten 68
Schwamm 17, 19
Schweif 18
Schweizmesser 23
Seitengänge 108
Sitz, leichter 126
Sitzen 74
Sitzfehler 82
Sitzübungen 80
Slalom 39, 40
Spielen 50, 52
Sporen 101
Springreiten 136
Stangen-L 41, 42
Stangentraining 42, 113

Statue 58
Stehen 101
Steigbügel 71
Stellen 107
Stimmhilfen 79
Streicheln 9
Strick 34
Striegel 17
Stürzen 116

Tellington-TTouch 13, 26, 135
Temperatur 28
Tonnen 99
Trab 110, 126
Travers 109
Traversale 109
Trense 76
Turnier 104, 136

Verkehrsregeln 123
Versammlung 95
Versorgen 134
Vielseitigkeit 118
Vorhandwendung 107

Wälzen 22
Warmmachen 80
Waschbär-TTouch 26
Waschen 22
Wasser 132
Weide 8
Wendungen 39, 61, 65, 83, 106
Wildpferde 14, 44, 88
Wunden 28
Wurzelbürste 17

Zäumen 70
Zirkel 98
Zöpfe 24
Zügel 76

Danke!

Ich möchte mich ganz herzlich bei allen bedanken, die das Gelingen dieses Buches unterstützt haben:

- Vor allem bei den Kinder und Ponys, die so toll und konzentriert mitgemacht haben und die sich ihrer Verantwortung voll bewusst waren.
- Ingrid, Greta, Ruth und Philippa Klimke für engagiertes Mitwirken, ihre gute Laune und ihre Geduld.
- Den Eltern der mitwirkenden Kinder, die Transporte, Betreuung und Hilfe organisierten, wenn es nötig war.
- Jan Clausen, der Sally und Aron frühmorgens vor die Kutsche spannte und auch das stilgerechte Outfit nicht vergaß.
- Werner Unruh, der mit seinen beiden Haflingerstuten für Maltes ungarische Post angereist kam.
- Christian Meyer und Sönke Thede, die die Bergenhusener und Wohlder Reitbahnen für uns glatt zogen.
- Reitverein Bergenhusen, der uns Platz und Halle zur Verfügung stellte.
- Sportverein Wohlde, der uns auf den Rasen des Sportplatzes ließ.
- Ehepaar Vierling, das mir die Geltinger Birk öffnete, sodass Horst die Wildpferde fotografieren konnte.
- Den Firmen Margarete Ostheimer GmbH, Playmobil Geobra Brandstätter, Primavera Diddl-Paradies und Schleich GmbH für die Abdruckgenehmigung der Pferdefiguren.
- Alexander Nuißl für die tolle Gestaltung des Buches und Ina Lutterbüse vom Kosmos Verlag.
- Tausend Dank für die grandiose Arbeit unseres Fotografen Horst Streitferdt, der Kinder und Ponys nicht nur ins allerbeste Licht rückte, sondern ihnen durch seine immer freundliche und respektvolle Art auch half, natürlich und locker zu bleiben.
- Und ebenso Tausend Dank an meine wundervolle und engagierte Lektorin Gudrun Braun, die Hunderte toller Ideen beigesteuert hat und ohne die ich dieses Buch nicht halb so sehr lieben würde, wie ich es nun tue.
- Meinen Mann Andreas, der Horst tatkräftig unterstützte und mir während der Arbeit an dem Buch den Rücken freihielt.

Impressum

Mit 423 Fotos von Horst Streitferdt / Kosmos, ein Foto von Julia Rau / Kosmos (Seite 130 unten) und acht Fotos von Gudrun Braun (Seite 21 Mitte, 118 unten rechts und unten links, 119, 128 oben rechts).
Mit 34 Illustrationen von Esther von Hacht.

Umschlaggestaltung von Plural Design unter Verwendung von neun Farbfotos von Horst Streitferdt / Kosmos.

Unser gesamtes lieferbares Programm und viele weitere Informationen zu unseren Büchern, Spielen, Experimentierkästen, DVD, Autoren und Aktivitäten finden Sie unter **www.kosmos.de**

Gedruckt auf chlorfrei gebleichtem Papier

© 2011, Franckh-Kosmos Verlags-GmbH und Co. KG, Stuttgart
Alle Rechte vorbehalten
ISBN 978-3-440-12600-4
Redaktion: Gudrun Braun, Hamburg
Gestaltungskonzept und Satz: Plural Design
Produktion: Verena Schmynec
Printed in Germany / Imprimé en Allemagne

Zum Schmökern

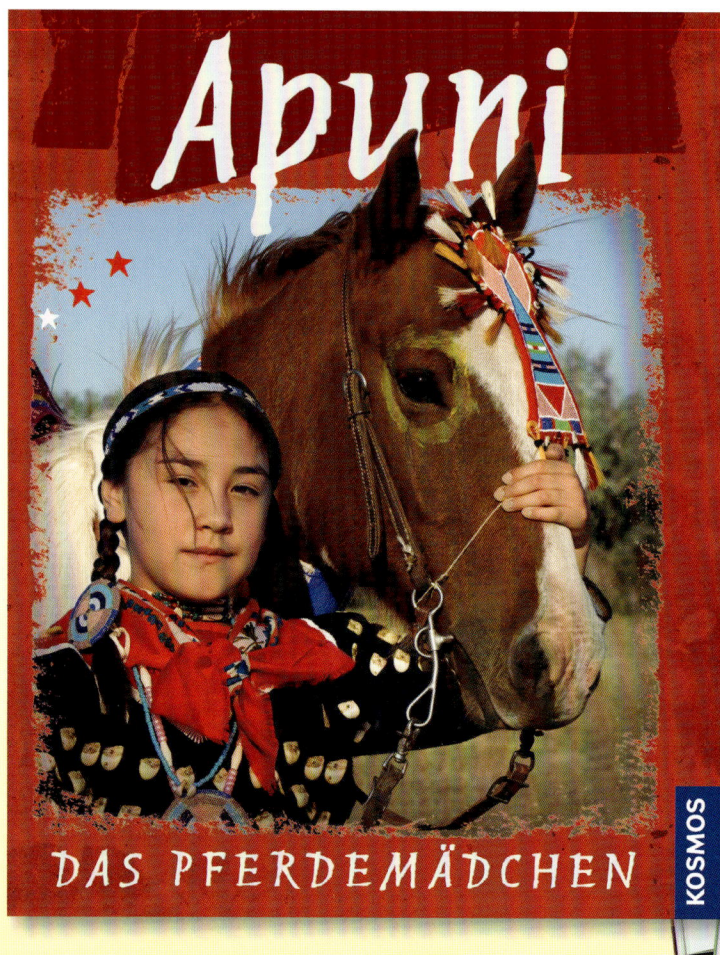

Gabriele Kärcher
Apuni, das Pferdemädchen
48 S., 75 Abb., €/D 12,95
ISBN: 978-3-440-12405-5

Apuni, ein Crow-Indianermädchen, lebt das Leben eines ganz
normalen Teenagers. Aber es gibt in ihrem Leben nichts Wich-
tigeres als ihr Pferd Itchia. Jeden Tag erleben die beiden neue
Abenteuer. Dieses Buch begleitet Apuni und Itchia an einem
schönen Ferientag zu den Mustangs in der Prärie. Sie spielen
Fangen am Fluss und bereiten sich auf das traditionelle Indi-
anerfest der Crow, POW WOW, vor. Stimmungsvolle Fotos und
Texte lassen die Leser an der Welt des Pferdemädchens Apuni
teilhaben.

„(...) ein guter Tipp für alle Reitfreunde."
Westfalenpost

www.kosmos.de